嘉峪关
转型发展研究

王毅　汪军◎著
中共嘉峪关市委政策研究室

经济日报出版社

图书在版编目（CIP）数据

嘉峪关转型发展研究 / 中共嘉峪关市委政策研究室著

. -- 北京：经济日报出版社，2016. 5

ISBN 978-7-80257-939-2

Ⅰ. ①嘉… Ⅱ. ①嘉… Ⅲ. ①区域经济发展—研究—

嘉峪关市 Ⅳ. ① F127.423

中国版本图书馆 CIP 数据核字（2016）第 085513 号

嘉峪关转型发展研究

作　　者	中共嘉峪关市委政策研究室
责任编辑	王　忺
出版发行	经济日报出版社
地　　址	北京市西城区白纸坊东街 2 号（邮政编码：100054）
电　　话	010-63567683（编辑部）
	010-63516959 83559665（发行部）
网　　址	www.edpbook.com.cn
E - mail	edpbook@126.com
经　　销	全国新华书店
印　　刷	中国电影出版社印刷厂
开　　本	710 × 1000 毫米 1/16
印　　张	14.75
字　　数	230 千字
版　　次	2016 年 5 月第一版
印　　次	2016 年 5 月第一次印刷
书　　号	ISBN 978-7-80257-939-2
定　　价	68.00 元

《嘉峪关转型发展研究》编委会

（本书中摄影作品由姜百文与毛富提供）

探究 新常态下的转型发展之路

——写在《嘉峪关转型发展研究》出版之际

推动转型升级、提升发展品质，是认识、适应和引领经济新常态的有效之举。近年来，不同地域区位、不同产业结构、不同发展阶段的城市积极探索转型发展道路，实践模式众多，成功样式可鉴，进一步丰富了人们对其内涵、路径、方向的认知和把握，转型发展、内涵发展、持续发展也已成为一座城市吸引力、竞争力、传播力的核心资源和优势所在。

市委办公室、市委政研室撰写的《嘉峪关转型发展研究》一书，正是对这一重大课题的主动探索。本书立足市情实际、战略定位和个性优势，立足应对经济新常态和抢抓“一带一路”战略，前瞻谋划全市发展，内容丰富、资料翔实，既是一部真实记载新时期雄关儿女建设家园的史记，也是一部全面反映干部群众不懈努力的铭传，更是一部面向嘉峪关未来发展的启示录。从本书的睿智之言、笃实之行中，我对全市干部群众在建设新雄关、推动新发展、开创新境界上的拼搏、智慧、作为和奉献，愈加心存感激、长怀敬意，这也激励着我们深入思考嘉峪关的经验启迪、现实选择和未来发展。

“十二五”以来全市干部群众共同经历的奋斗往事与流金岁月，历历在目、宛如昨日。

这五年，是我们的发展路子更加明确、坚实和开阔的五年。思路决定出路，格局引领全局。2011年，我们召开市第十次党代会，提出了实施“工业强市、旅游带动、城乡统筹、生态立市、文化繁荣、民生优先、区域协作”

七大战略，以及“率先实现经济社会转型跨越发展，加快建设现代化区域中心城市”的目标。这个战略目标是客观实际、实事求是的，符合国家发展方向、省委希望要求和群众共同期待。五年来，我们紧紧扭住目标不松手，抢抓发展机遇不松劲，狠抓项目建设不动摇，地区生产总值年均增速达到13.57%；城乡居民人均收入增加到29300元和15300元，年均增速分别达到11.8%和14.2%，经济整体实力显著增强，群众福祉愈加深厚。

这五年，是我们扎实推进产业结构调整和转型升级的五年。围绕发展循环经济，改造提升传统优势产业，培育壮大战略新兴产业，光伏发电和铝产业从无到有，工业经济盘子进一步充实；围绕文化旅游融合发展，实施了一批体量大、档次高、前景好的优质项目，总投资超过200亿元的文化产业园区初具规模，方特欢乐世界的运营激活了雄关旅游的巨大潜力，全社会旅游人数、旅游收入分别是“十一五”末的3.7倍和5.2倍；以正大现代农业合作项目引进为标志，设施农业、精品农业、观光农业方兴未艾，正在成为农村居民增收致富的支柱产业。2015年第三产业占GDP比重首次超过三分之一，经济结构战略性调整取得重大突破。

这五年，是我们全力推进城市品质提升和民生改善的五年。全面实施“生态立市”战略，延续了雄关儿女几十年如一日，向戈壁进军、在荒原播绿、于城中营湖的接力赛，绿化覆盖率达39%，人均公共绿地面积36.3平方米，人均水域面积22.9平方米，成功创建国家园林城市，天蓝、地绿、水秀、人和的美丽城市新姿初绽。我们把拓展空间、统筹城乡、改善民生放在更加重要的位置，昔日乱石密布的南市区成为了开发建设的热土，功能完善、设施齐全、服务高效的城乡社区得到了居民的一致认可，高铁、航空、高速公路组成的立体化交通网络便捷了市民出入和游客旅行。尤其是每年把70%以上的财政支出投向民生领域，教育医疗、住房保障、社会事业等全面均衡发展，孩子们受到了更好的教育，老人们得到了更多的关怀，困难群体得到了更多的帮助，群众幸福感和获得感大幅提高。

这五年，是全市广大党员干部在攻坚克难中砥砺奋进的五年。“十二五”以来，嘉峪关走过了一段不平凡的道路，克服了一系列前所未有的挑战。在各种困难面前，广大党员干部顾大局、识大体，紧盯市委中心工作，围绕推进“3341”项目工程、联村联户为民富民行动、先锋引领和效能风暴行动等，在项目一线抓落实，在田间地头听民意，用真情铺就群众的富裕路，用实干凝聚发展的正能量，展示了共产党员应有的政治本色和责任担当。五年来，广大党员干部在攻坚克难中磨砺了拼搏进取的意志，在应对复杂局面中锤炼了抓实见效的能力，为谋划好“十三五”时期的发展积累了经验、夯实了基础、集聚了力量。

雄关漫道真如铁，而今迈步从头越。“十三五”的大幕已经拉开，在经济新常态下，我们发展中面临的困难依然存在，转型的道路仍然漫长。面对群众期盼和省委重托，我们必须善谋发展之策、激发拼搏之志、高扬进取之帆；面对重大责任和光荣使命，我们必须以舍我其谁的担当、奋发有为的状态和抓实见效的作风，立足大创新、推动大发展、夯实大平台、建设大生态、抓好大民生、推动大开放，党政军企和谐共进，全市上下矢志奋斗，将率先实现转型升级发展、率先建成全面小康社会的美好蓝图变成生动现实。

是为序。

2015 年 11 月

▲ 市委书记郑亚军调研项目建设

▲ 市委书记郑亚军调研城市建设

▲ 市人大常委会主任祁永安走访慰问双联户

▲ 市长柳鹏调研农超对接超市

▲市政协主席焦玉兰调研社区党建工作

▲市委副书记王锋在紫轩社区调研

▲ 嘉峪关市区新貌

▲ 嘉峪关南湖风景

▲ 方特欢乐世界之方特城堡

▲ 嘉峪关市酒钢三中新校区

▲ 嘉酒风电高载能特色铝合金节能技改生产线

▲ 嘉峪关光伏产业园

目录

contents

第一篇

城市品质研究篇

第二篇

领导言论篇

第三篇

案例点评篇

第四篇

■ 重点问题研究篇

第一篇

城市品质研究篇

第一章 经济品质提升研究

在新常态的大背景下，经济发展宏观条件出现了一系列新的变化，生产要素从过去更多依靠劳动力、低成本转向更多依靠人力资本质量和技术进步，市场竞争从过去以数量扩张和价格竞争为主转向以质量型、差异化竞争为主，资源环境从过去能源资源和生态空间相对宽松转向环境承载力达到或接近上限，人民群众对良好生态环境的期待和要求迅速上升。这些新变化，要求在今后的发展中必须更加注重经济品质。中央也反复强调，要坚持以提高经济发展质量和效益为中心，主动适应经济发展新常态，把转方式调结构放到更加重要位置，突出创新驱动，强化风险防控，加强民生保障，促进经济持续健康发展和社会和谐稳定。嘉峪关作为资源型城市，面对资源能源竞争日趋加剧的现状，经济品质问题越来越重要，它关系到环境保护、民生改善、城市可持续发展等问题，也关系到全面小康社会建设。

一、经济品质的基本概念

经济品质问题可以理解为经济发展质量，注重经济发展质量也就是追求经济品质，衡量经济发展质量的标准，也就是衡量经济品质的标准。经济品质包含量和质两个方面，从量上来说指的就是经济总量即 GDP 或人均 GDP 增加，从质上来说是指经济结构的改善和经济效益的提高。具体来说，经济品质主要体现为用较少的要素投入、较小的资源环境代价产出较多的产品，获取较大的经济效益；体现为科技含量的提高、产品附加值的增加、产业层次的提升；体现为百姓能够更好地分享经济增长成果，生活水平持续提高；体现为比较充分的就业和更高的劳动生产率、投资回报率和资源配置效率。经济增速、民营经济占比、三产比重、人均收入、固定资产投资率、万元 GDP 能耗等，都是衡量经济发展品质常用的指标。在实践中，不同城市对提升经济品质，都有不同的方法策略，其中一些具有共性的做法，对嘉峪关提升经济品质具有很好的启发借鉴意义。

高度重视转变发展方式，坚决摒弃规模速度型粗放增长，增强加快转变经济发展方式的自觉性和主动性。因为如果不彻底改变传统的依赖物质投入、拼资源环境、靠外延扩张的发展方式，还是习惯于铺摊子、上项目，经济平稳健康发展就会缺少保障，经济发展迈向中高端水平的目标也难以实现，还有可能使一些长期存在的矛盾和问题进一步激化。

高度重视经济结构调整，发现和培育新的增长点，充分发掘新型工业化、信息化、城镇化、农业现代化进程中蕴含的巨大潜力；坚定不移化解产能过剩，压缩落后产能；全面推进科技、管理、市场、商业模式的创新，使创新驱动成为发展的新引擎。

高度重视开放开发，加快推进改革开放，以改革的不断深化，进一步破除制约发展的体制机制障碍，破解发展难题，激发市场活力；以开放水平的持续提升，拓展经济发展新的更大空间，创造更多发展机遇，在更广泛的经济技术合作和竞争中赢得更好质量和效益。

高度重视全面深化改革，充分尊重市场规律，培育更多充满活力的市场主体，打破行业垄断，鼓励多元竞争；进一步放宽市场准入，凡是不涉及国家安全的行业和部门都应该允许和鼓励各种市场主体进入；减少政府干预，取消不必要的行政审批，为企业松绑；为企业营造公平竞争的市场环境，支持企业研制和运用新技术，降低能耗和资源消耗，提高产品质量、产品附加值和经济品质。

二、嘉峪关经济品质提升的历程

经济始终是一个城市发展的主题词。嘉峪关自建市以来，城市经济经历了由小到大、由弱到强的发展历程，在这一历程中，无论是市委、市政府还是驻嘉大型企业，都根据宏观经济形势，主动及时地转变发展观念，调整企业经营发展策略，走出了一条符合市情实际、适应发展形势、效益不断增强的经济品质提升之路。

嘉峪关市是伴随着国家“一五”重点建设项目“酒泉钢铁公司”的建设而逐

步发展起来的一座新兴的现代化城市，1965 年设市。在 50 多年的发展历程中，嘉峪关市依托酒钢，形成了以钢铁生产为主，挖掘、开采、装备制造等相关产业为辅的工业体系，工业基础雄厚。

嘉峪关城市经济品质的构建，与酒钢集团公司息息相关。1995 年冶金部组织审查酒钢发展规划，确定“九五”末酒钢将形成年产 150 万吨钢、135 万吨材的综合生产能力。当年，酒钢生产铁 111 万吨，钢 100 万吨，材 57 万吨，钢产量首破 100 万吨大关，销售收入排全国 500 家最大工业企业第 90 位、全国钢铁企业第 26 位，全国钢铁最佳经济效益企业第 71 位，甘肃省最大工业企业第 3 位，甘肃省最佳经济效益工业企业第 7 位。这些排位，一方面说明的是企业的经济总量，更重要的也是经济质量和效益提高的证明，为全市经济发展奠定了坚实的品质基础。

伴随着酒钢公司的崛起和壮大，嘉峪关市已形成以冶金工业为主体，化工、电力、建材、机械、轻纺、食品为辅的工业体系。机械工业主要有各类钢铁加工，如钢筋、钢丝、罗纹钢、标准紧固件、钢门窗等企业。此外，还有棉纺、服装、针织手套、皮鞋、食品、粮油加工、饮料等生产企业。

进入新世纪以来，中国整体经济进入稳健持续发展阶段。伴随着这种国内发展的大趋势，2000 年嘉峪关实现国内生产总值 17.93 亿元，其中：第一产业完成 0.75 亿元，增长 3.89%；第二产业完成 13.5 亿元，增长 9.03%；第三产业完成 3.68 亿元，增长 8.09%，三产增幅逼近主导产业二产的增幅，说明全市经济品质的提升正在跨越产业内部，延伸到了产业之间，城市经济品质出现了前所未有的巨大飞跃。2009 年，全市实现生产总值 160.05 亿元，其中第一产业完成 2.28 亿元，增长 11%；第二产业完成 126.24 亿元，增长 9.6%；第三产业完成 31.53 亿元，增长 11.3%。这一年，嘉峪关全市 GDP 相对于 2000 年，增长了近 10 倍，这本身就是经济品质提升的必然结果。更为重要的是，这一年三产增幅超过了主导产业二产的增幅，全市经济结构出现了重大转机，又向三产主导的方向迈进了一大步。2014 年整个工业园区实现工业总产值 280.3 亿元，同比增长 11.6%，开发区生产总值 84.1 亿元，同比增长 11.7%。这些数据充分说明，经过多年不懈的努力，市属工业经济强劲壮大，“一钢独大”的局面正在被深刻地改变，嘉峪关经济进一步降低了对酒钢的依赖。特别是近年来，作为传统老工业基地，嘉峪关牢牢把握丝绸之路经济带的历史机遇，大力发展以文化旅游为主的第三产业，借助世界文化遗产嘉峪关关城、方特欢乐世界等大型文化旅游项目，带动了全市第三产业飞速发展，全市经济呈现出增长平稳、结构优化、质量提升、民生改善的良好态势，嘉峪关经济品质提升取得了重大进展，进入了优化完善的新时期。

三、提升经济品质的基本原则

新常态下，发展仍然是第一要务，仍然要咬定青山不放松、一心一意谋发展。但发展不是盲目的，就嘉峪关来说，经济不仅要保持稳定的增长、继续做大，更要提高质量效益、着力做强。嘉峪关提升经济品质，必须注意产业结构与城市发展阶段相一致，与城市特色相融合，与资源、环境承载能力相匹配，与市民创业、就业需求和收入水平提高的要求相适应，特别是要遵循以下基本原则：

（一）坚持科学发展，向转变观念要经济品质。当经济总量达到一定水平时，人们对经济发展的要求主要体现为对经济质量的满意度；同时，对一定经济体竞争力的评价，主要也看经济效益的高低。因此，政府、企事业单位要切实转变观念，决不能以 GDP 为圭臬，而要以经济发展品质为中心，把竞争的重点放在比结构、比转型、比质量、比效益上来。

（二）充分发挥市场优势，向市场要经济品质。市场经济体制是提高经济发展品质的催化剂和原动力，改革开放以来，嘉峪关正是充分利用这一动力，才在提升经济品质上取得了巨大成就。现在更加需要充分发挥市场在资源配置中的决定作用，以提高经济品质。要深化企业改革，进一步明晰产权，更好地发挥市场主体作用，让各类市场主体以平等身份展开竞争，促进资源优化配置，提升经济运行效率。

（三）调整经济结构，向新型城镇化要经济品质。中央城镇化工作会议指出，推进城镇化是解决农业、农村、农民问题的重要途径，也是推动区域协调发展的有力支撑，是扩大内需和促进产业升级的重要抓手。2014 年，嘉峪关市城镇化率达到 94%，但城镇化质量却居全国第 84 位，城镇化建设仍然大有可为。必须要认识到，城镇化是产业结构、就业方式、人居环境、社会保障等一系列由“乡”到“城”转变的过程，要把城镇化当做提升经济品质和发展质量的重要方面来推进，使之成为经济增长的新引擎。

（四）加强对外开放，向开放开发要经济品质。“一带一路”战略已经进入深入实施阶段，相关的政策倾斜、资本扶持、人力援助、基础设施建设等正在大规模启动，必将为嘉峪关带来千载难逢的发展机遇。实施向西开放战略，将新疆、甘肃省等西部省区推向对外开放的前沿，放在更加广阔的竞争平台上，必将极大地促进生产要素科学合理配置，为嘉峪关经济发展提供直接外部依托。此外，嘉峪关是典型的资源型城市，根据2010年预测，嘉峪关市经济社会发展对主要矿产资源需求量实际年平均增速为8%—12%，这对资源保障提出了新要求。嘉峪关提升经济品质，实现可持续发展，就必须长远打算，利用“两种资源、两个市场”，加强外省矿产资源对接利用，深化与新疆能源企业的合作，提升资源能源引进数量，提高长远发展的资源保障能力。

（五）提高自主创新能力，向科技要经济品质。提升经济品质，根本在于创新。只有技术进步和创新，才能节约更多的资源和能源，以较低的成本获得更大收益，才能形成企业核心竞争力，在激烈竞争中占有一席之地。要注重企业培育，让各种创新要素向企业集聚，让企业真正成为技术创新主体，以高新技术产品占领市场，成为提升经济品质的有力支撑。

四、嘉峪关经济品质提升的路径

嘉峪关地处内陆，经济发展在甘肃省领先，但在全国范围内来看，则属于追赶型发展的城市，必然要以较快的增长速度和数量扩张实现经济发展。但发展决不能只看GDP，不能为了GDP数字的增长不讲成本、不讲质量、不讲效益，而是要遵循数量与质量、速度与效益相统一的规律，把经济品质放在重要位置。在实践层面，就是要结合嘉峪关实际，转变发展理念，转变发展方式，在保持一定经济增速和总量提升的同时，着力在调结构、重创新、强管理、建机制上下功夫，形成有利于提升经济品质的发展模式。

（一）必须围绕重点产业主攻大项目。经济社会发展最终的落脚点是项目，特别是重大项目。无论是国家还是地方政府的发展规划，最终都体现为项目计划。从一般的经验上看，那些争取到重大项目的地区，由于项目综合效应的带动作用，往往实现了较快的发展，也借助重大项目，较快地提升了科技水平和经济品质。一个投资上亿、几亿的大项目可以带来稳定的税收，带动一个地区的人员就业和相关产业发展，这是小企业无法比拟的。而且这些大型企业实力更雄厚，很少出现融资困难等问题，项目运作也更加规范，更注重技改投入和长远发展，可以把本地经济运行的风险降至最低水平。嘉峪关作为后发地区，资源和市场“两头在外”，要想缩短转型跨越发展的周期，就必须要重视重大项目的综合效应，把重大项目的引进和实施作为更快提升经济品质的重点来抓。

1.要把大项目作为拉动经济增长的重要引擎。改革开放30多年的实践证明，投资是拉动经济增长波动最为主要的因素，投资高涨则经济趋于繁荣，投资低迷则影响经济持续增长。当前，嘉峪关投资增速出现一定程度的回落，虽有长期投资高增长之后理性回落的原因，但却不可否认，投资的相对不足正在对嘉峪关经济发展产生一定的不利影响。需要指出的是，嘉峪关经济尚未全面到达创新驱动阶段，投资拉动经济增长的模式在短期内尚难根本转变。虽然消费拉动和科技创新对城市发展的驱动作用将显著增强，但保持投资适度增长仍然是推动经济平稳增长、促进社会和谐发展的重要手段。特别是在当前钢铁行业产能严重过剩、重点企业盈利水平大幅下降的情况下，维持投资的较高增长是保持经济平稳增长的必要手段。关键是要把握好投资的方向和结构，将重点放在生产性投资和实体产业，千方百计扩大有效投资，而多上项目、上大项目和上好项目成为必然选择。“十三五”时期嘉峪关要实现更好更快发展，必须寻找新的经济增长点，必须加快引进和培育一批大项目。

2.要把大项目作为推进转型升级的有生力量。大项目建设不但是拉动经济增长的主要动力，也是转方式、调结构的有效举措。“十二五”以来，嘉峪关投资力度不断加大，显著推动了经济发展，也有效地改善了区域交通环境、城市面貌和产业水平，推动了经济发展方式快速转变。但也要认识到，近年来的投资存在技术改造投资偏低、新兴产业投资偏低、人才资源投入偏低的情况，其结果是不能对战略性新兴产业的快速发展形成有力引导，也导致转型发展缺乏有力的投资保证，最终不仅削弱了嘉峪关经济转型的动力，也制约了经济发展方式转变的进程，因而亟待通过加快大项目建设予以转变。当前，在嘉峪关经济结构面临转换优化的关口，加快大项目建设仍然是调整投资结构与速度方向，进而促进转型升级的关键性因素。要根据国家和省上的产业政策方向，一方面遏制部分过热行业盲目投资和低水平重复建设，促进产业结构调整和产品升级换代，另一方面要确保自主创新和战略性新兴产业的积极推进与快速发展。

3.要把大项目作为保持一定经济增速的重要手段。“十二五”时期，嘉峪关投资增速普遍高于GDP增速，但由于当前经济下行压力较大，投资增幅也出现下滑，特别需要化解投资回落过快导致发展后劲不足、经济下滑过快、就业形势恶化等风险。所以，在当前可预见的宏观经济背景下，驾驭好投资这驾“马车”，当务之急是通过大项目的建设，切实发展实体经济，保持一定的投资增速并切实提高投资效率，使有效的资金投入发挥出最大的经济增长动能。应按照转方式、调结构的要求，更多地运用结构性政策，通过大项目建设保持投资的适度增长，为嘉峪关经济平稳健康发展奠定良好基础。

（二）必须确立园区工业聚集及前沿开放地位。工业园区是现代工业发展的产物，是区域经济发展的重要载体。工业园区根据一个区域经济发展的内在要求，通过行政或市场化等多种手段，集聚各种生产要素，在一定的空间范围内进行科学整合，使之成为结构层次合理、产业特色鲜明、集群竞争优势显著、功能布局优化的现代产业分工协作生产区。发展园区经济有利于调整和优化工业产业布局，培育企业集群，形成规模经济效益，推动经济发展方式转变；有利于优化资源配置、共享基础设施、集中治理污染、集约利用土地，促进资源的综合利用和循环利用。嘉峪关工业园区作为嘉峪关市推进新型工业化的重要平台，要在优化结构和升级产业的基础上，使工业园区发展环境更加和谐，对企业更具吸引力，经济总量稳步提升，成为经济品质提升的重要一级。

1.完善规划，突出前瞻性。园区规划是合理开发建设园区的重要依据和前提，园区的开发建设必须坚持规划先行的原则。从实践来看，发达地区的工业园区在规划时，既注重了多个规划的有机衔接，又明确了产业布局的定位，科学处理了园区发展的阶段性、连续性与规划的前瞻性、长效性的关系，为提升园区容量和承载力提供了有力保障。就嘉峪关而言，必须高度重视园区总体规划和控制性详规修编工作，在规划修编中，综合考虑区域发展现状、资源禀赋条件、产业发展基础和特色等方面，在时间上尽量考虑长远一些、在空间上尽量考虑宽泛一些，确保制定的园区建设规划不仅符合国家的产业政策，而且符合全市国民经济和社会发展规划、土地利用总体规划、城镇建设总体规划和环境保护规划，实现规划的前瞻性、科学性和可操作性的有机统一。要坚持用经营城市的理念、综合开发的手段、市场化的运作机制，加快园区开发建设，尤其要做好园区风貌的统一塑造，打造城市化园区、花园式工厂。要切实增强规划的约束力和执行力，严格按照规划布局产业和完善基础，促进园区快速健康发展。

2.打造平台，突出超前性。园区基础设施建设水平决定园区建设的速度和质量，完善的园区基础设施不仅能增强投资业主的信心，而且能够展示对外招商形象，必须适度超前建设。由于嘉峪关工业园区建设起步相对较晚，园区基础配套还不够完善，对投资者的吸引力还不够强，加快园区基础设施建设已刻不容缓。要主动加强对上的汇报衔接，全力争取国家和省上对嘉峪关园区建设的专项补助资金，投入园区基础设施建设。要按照“整体规划、分期实施、滚动发展”的思路和“高起点规划、高标准建设、高效率运行、高效益产出”的要求，借鉴发达地区“先拉框架后充实”和“大配套一步到位，小配套围绕项目集中进行”的模式，适度超前建设区内道路交通设施、电力供应设施、供排水和供气设施及公共服务设施，增强产业发展的支撑能力，争取早日创建成为国家级经济技术开发区，获得更大的政策支持。

3. 精准招商，突出针对性。项目是园区发展的生命线，没有项目，一切都是空谈。发达地区工业园区之所以发展得快、效果好，最关键的是以大气魄抓大招商，以大项目推进大发展。就嘉峪关而言，发展不足是基本市情，加大招商引资工作力度，在更大范围、更宽领域和更高层次上“借力发展”，是提升全市经济品质的必要条件。为此，要继续加大招商引资工作力度，充分利用区位优势、资源优势和环境优势，以传统产业整体转移、东部沿海企业西进等为契机，依托园区平台主动承接产业转移，全力招大引强，使园区成为招商的主战场。此外，嘉峪关生态环境非常脆弱，环境综合承载能力非常有限，在招商过程中要算好长远账，优先引进工艺先进、低能耗、低污染的企业，绝不能因小失大，为了短期内的经济增量而忽视环境保护，否则后期污染治理、节能减排的成本可能更高，就会成为经济品质提升的新负担。

（三）必须促进第三产业提速提质增效。第三产业的比重，是衡量一个国家或者城市发达程度的重要标志。追求较高的第三产业比重，成为很多国家和城市发展战略的重点所在。目前，发达国家第三产业占 GDP 的比重在 70% 左右，发展中国家平均在 50% 左右。据国家统计局统计，2014 年，我国第一产业增加值占国内生产总值的比重为 9.2%，第二产业增加值比重为 42.6%，第三产业增加值占 GDP 比重达到 48.2%，高出第二产业 5.6 个百分点。第三产业比重超过第二产业，标志着中国经济正式迈入“服务化”时代，意味着中国经济由工业主导向第三产业主导加快转变，成为新常态下中国经济增长的新动力和新一轮经济增长的“火车头”。嘉峪关也应该顺应这种发展趋势，全面加快第三产业发展。

1. 消除认识偏差，强化发展意识。要充分认识第三产业与第二产业良性互动发展的客观规律，在实践中探索符合嘉峪关现代服务业发展之路，把加快发展第三产业列入重要议事日程，加强发展规划和政策研究，统筹协调解决产业发展中的重大问题。此外，“十三五”期间，服务业发展面临难得的机遇，要注重长远，结合自身发展方向，采取产业发展和空间布局规划相结合的方式，超前编制完成现代服务业总体规划以及创意、现代物流、高端商贸等行业发展专项规划，突出发展重点，鼓励金融业、科技和信息服务业、现代物流业等具有发展潜力的行业成为主导发展产业，全面提升服务业发展水平。要紧盯新兴服务业和生活性服务业的发展方向、重点领域，加强有关土地、财税、融资、人才引进、鼓励奖励等方面的政策研究，通过相关措施的制定，重点扶持优势骨干企业做大做强。

2. 加大投资力度，促进集约发展。产业结构与投资结构存在着相互影响、相互制约的关系，现在的投资结构决定着未来的产业结构。就嘉峪关来说，应把“关键领域和新兴业态”作为第三产业投资的重点，加大投资力度，重点发展文化创意、现代物流、高端商贸和科技信息等产业。围绕科学型、物流型、特色专业型规划建设现代物流园、科技创意园、文化产业园等现代服务业集聚区，统筹做好集聚区规划布局和协调发展，在实现现代服务业优先发展、加速发展、集聚发展的同时，不断调整服务业内部结构，提升服务业的结构层次。

3. 加快人才培养，夯实发展基础。在服务业中，尤其是现代服务业，人才是其竞争力的核心要素。嘉峪关发展服务业，提升服务业竞争力，必须根据第三产业的发展规划，坚持引进和培养并重的原则，有的放矢的培养人才、引进人才，构筑人才高地。一方面要采取有力措施，推动产、学、研相结合，鼓励高校、科研院所和现代服务企业开展合作，着力培养信息、科技、金融保险、现代物流、旅游会展、咨询、法律等现代服务业人才。另一方面，要广开渠道，引进现代服务业发展所需的高素质人才，通过制定配偶就业、子女上学等各项改善生活、提高待遇的优惠措施，以吸引和稳定发展所需的优秀人才，为服务业的发展提供智力资源。

（四）必须积极推进科技创新。提高经济发展品质，根本出路在于创新。习总书记强调，我国经济已由较长时期的两位数增长进入个位数增长阶段。在这个阶段，要突破自身发展瓶颈，解决深层次矛盾和问题，根本出路就在于创新，关键要靠科技力量。在经济新常态下，经济发展的关键词已经从“高速增长”变为“创新驱动”和“结构调整”，通过创新提升经济品质已经成为未来经济发展的关键因素。今年3月份，国家出台了加快实施创新驱动发展战略的若干意见，把创新驱动作为应对经济新常态的重要手段，提到了前所未有的高度。就嘉峪关而言，酒钢、四〇四等大型企业都有实力较强的科研基地，具备了实施创新驱动战略的基础条件，“十三五”时期提高经济品质，必须把创新驱动作为重要一环来推进。

1. 坚持市场导向推进创新。创新目的是刺激市场需求，根据市场需求进行的创新才是可持续的，这样的创新才能永远站在市场的最前沿。坚持需求市场导向，其意义在于使创新贴近现实、走向市场，让创新结果和市场需求结合起来，和城乡居民的需求结合起来，使创新和市场需求良性互动。因此，嘉峪关实体经济企业必须认识自身创新主体的地位，准确研判市场需求，让市场引导资源配置，按照市场方式来搞创新，不断增强发展活力。作为市场主体的企业，不能单纯从高科技发展、金融创新等创新驱动本身寻找动力，更多的是要通过创新驱动满足民生和嘉峪关经济转型需求，才能产生比较好的新生经济效益，才能让创新脚踏实地，而不是昙花一现或者追求新奇怪异。从政府的角度来说，要把科研和创新投资都落实到企业发展中去，确实通过企业的产品、服务的创新让成果转化为经济效益，让整个城市经济具备创新竞争力。

2. 持续推动产业化创新。创新必须落实到创造新增长点上，把创新成果变成实实在在的产业活动，这是推进创新驱动必须始终坚持的一个大方向。嘉峪关要发挥好现有创新资源，深入推进科技和经济紧密结合，推动产学研深度融合，强化科技同经济对接、创新成果同产业对接、创新项目同现实生产力对接、研发人员创新活动同其利益收入对接，形成有利于出创新成果、有利于创新成果产业化的新机制。要围绕新技术、新产业、新业态、新商业模式，加大投资力度，制定“互联网+”行动计划，逐步增强战略性新兴产业和服务业的支撑作用，推动产业迈向中高端。特别是嘉峪关资源依赖型的产业结构，要把深化结构调整作为创新驱动的重点，不能简单地接长“短板”、固化传统产业结构，防止形成“锁定效应”，陷入结构性陷阱。要积极支持创新平台、孵化载体建设，支持民营孵化器和服务机构发展，同时促进科技服务企业、专业服务机构和服务平台协同发展，为创新创业提供专业服务、精准投资。

3. 推动“大众创业、万众创新”。李克强总理强调：“推动大众创业、万众创新是激发亿万群众智慧和创造力的重大改革举措，是实现国家强盛、人民富裕的重要途径，要坚决消除各种束缚和桎梏，让创业创新成为时代潮流，汇聚经济社会发展的强大新动能。”当前，“大众创业、万众创新”已经渐成潮流，只有通过万众创新，才能创造出更多的新技术、新产品和新市场，才能提高经济发展的质量和效益；另一方面，只有通过大众创业，才能增加更多的市场主体，才能增加市场的动力、活力和竞争力，从而成为经济发展的内在源动力引擎。就嘉峪关来说，要加快科技成果使用处置和收益管理改革，完善科技成果转化制度，使创新人才分享成果收益，从而促进科技人员愿意创新、愿意创业、愿意转化。要通过加强全社会以创新为核心的创业教育，弘扬“敢为人先、追求创新、百折不挠”的创业精神，厚植创新文化，不断增强创业创新意识，使创业创新成为全社会共同的价值追求和行为习惯。要采用技术招标、政府采购等多种方式，引导创客群体以产业集群发展为依托开展协同创新，要支持各类创新创业大赛，形成全社会推动大众创新创业的新局面。

（五）必须大力发展开放经济。开放是一种理念，一种思维，大开放、大发展，小开放、小发展，不开放、难发展，这是经济社会发展的一条铁律，也是推动经济品质提升的必由之路。近年来，嘉峪关深入推进开放开发战略，利用外资、引进省外资金、外贸出口等指标大幅增长，开放型经济实现了突破式发展。当前，经济下行压力比以往任何时期都大，经济发展面临的内外环境比以往更为复杂。在这样的背景下，嘉峪关亟需深化对外开放，以全新的开放来拓展发展空间、提升经济品质。

1. 在开放理念上，必须进一步突出解放思想，打破思想桎梏。要克服保守思想，不能认为嘉峪关不沿边、不靠海，就认为在发展开放型经济上难有很大作为，也不能因为外贸出口对嘉峪关税收贡献不大，就缺乏支持企业发展的主动性。要清醒地认识到，好项目的引进、大企业的落地，往往带来的是产业的兴起、优势的建立，看准了就要拿硬招、下硬功，在提升软硬配套环境上花大功夫、下大力气。在发展战略中要把提升开放型经济发展水平放在全局地位来谋划和部署，用开放的思维来推动经济发展。

2. 在开放动力上，必须以深化体制改革为根本动力，构建开放型经济新体制。全面提升开放型经济发展水平，必须加快转变对外经济发展方式，推动开放朝着优化结构、拓展深度、提高效益方向转变。要创新开放模式，支持重点企业用好

“一带一路”战略机遇，加快走出去步伐，努力提高产品的技术含量和附加值，增强企业国际化经营能力和竞争实力，形成以技术、品牌、质量为核心的外向型经济竞争优势。在开放范围上，必须坚持对外开放和对内开放两条腿走路，强调既要对外开放，也要对内开放，建设一个对内对外都高度开放的经济体系；既要扩大经济领域的开放，也要扩大社会、文化等领域的开放，形成多层次、梯度化的开放新格局，充分利用好国际国内“两种资源、两个市场”。

3. 在开放对象上，要深化多方合作，紧紧依靠外力拉动自身经济发展。以能源合作为例，哈萨克斯坦宣布2017年在该国举行的世博会所有设施，都使用太阳能，而嘉峪关正在着力打造新能源基地，在发展风电、光电产业方面拥有先进技术和丰富经验，加之与哈萨克斯坦首都阿拉木图是友好城市，可以与哈萨克斯坦建立新能源合作关系。在农业发展方面，嘉峪关可利用设施农业、精品农业发展水平较高的优势，与中亚国家建立现代农业、制种业、食品加工输转等合作关系。在文化旅游方面，可与中亚国家开展文化旅游合作，既有助于加深中亚国家对甘肃省多姿多彩文化的了解，也有助于提升嘉峪关的城市软实力。

4. 在开放策略上，要善于借势借力。海南省的博鳌亚洲论坛不仅是一个高层对话平台，也使博鳌这个原本默默无名、仅2万人口的乡村小镇瞬间闻名于世，形成了巨大的对外影响力和经济刺激作用。嘉峪关市要借鉴博鳌经验，积极争取文化部、省上的大力支持，在嘉峪关举办具有国际影响力的各种峰会，大力促进丝绸之路经济带沿带国家和城市文化旅游资源共享和产业对接，不断提升嘉峪关市的国际知名度。当前，嘉峪关旅游正处于井喷式发展阶段，嘉峪关应联合经济带沿带各国和周边各省市，共同包装旅游项目，开发精品线路，实现文化旅游资源的整体开发和综合利用，合力打造丝绸之路国际文化旅游品牌。

嘉峪关光伏产业园

第二章　文化品质提升研究

城市是现代文化的载体，文化是凝结在城市品质上的精华，又是渗透到城市品质经营全过程、全方位的理念、意志、行为规范和群体风格。随着城市化进程的加快推进和全球化、世界性城市化浪潮的演进，城市竞争日趋激烈，城市与城市之间正从经济竞争走向以文化为核心的综合竞争。在城市品质的构建和塑造中，优秀的品质必然具备良好文化底蕴，注重城市总体形象的树立和城市品质形象的营造，是体现城市文化价值的重要途径。

一、城市文化品质的特性

文化是城市品质识别固有的一面，它是城市品质软实力及内涵的主要方面。随着城市的变化与发展，城市文化品质也在不断变迁的过程中积淀、更新，具有不同于其他文化现象的特性。主要表现在以下几个方面：

（一）地域性。城市文化属于地区文化，受地域影响较为明显，当地居民同当地自然环境、社会环境共同作用形成的城市认知以及居民之间相互作用形成的社会关系、社会意识以及社会行为，共同组成了鲜明的城市个性。即使在信息传递迅速、文化共享性增强的今天，城市虽然外在景观也出现趋同的情况，但或多或少还存在着一定的文化差异，这种文化差异即是居民同地域环境长期作用的结果。不同区域的居民对各自城市的认同感和归属感即使面临着区域外部文化的强大冲击，也还会留有传统的城市认知。城市文化这种鲜明的地域性使各地政府也逐渐意识到城市文化对城市可持续发展有着重要的意义和作用，城市发展必须要保留自己的特色，才能够打造城市品牌，有效地推动城市发展。

（二）辐射性。城市做为人流、信息流、物质流的集散地，城市化进程的推进，为城市文化的发展和传播提供了现实条件和实现空间。在人们的思想和行为同客观环境相互作用日益增强的过程中，城市文化内容越来越丰富，对城市生活影响力日渐明显，形成了一股强大的凝聚力。正是这股凝聚力向周边辐射，使城市周边区域受中心城市文化影响也日益增强，会逐渐被中心城市文化所同化，进而形成区域文化，不同区域文化在交流整合的过程中，推动整个社会文化进步。从某种意义上说，一个城市的文化水平直接决定其辐射的范围。城市文化水平越高，其影响力和凝聚力越强，对其周边地区辐射影响越大，有利于加速城市化进程；反之，对周边地区影响小，文化的传播和发展相对缓慢，就减缓城市化的步伐，使城市化水平出现停滞。

（三）层次性。城市文化是城市精神财富与物质财富的综合反映，城市文化可以划分成以下几个层次：公众的思想意识和价值观念、社会制度、行为规范；居民生活习俗以及物化形式和精神产品。这些层次综合作用构成了完整的城市文化体系，同时，这种文化体系也是一种动态的体系，它的发展变化为城市文化发展提供内驱动力。

（四）多元性。城市文化本身的层次性，决定了城市文化内容的多元性。城市作为多种文化的聚集地，多种文化在城市中相互碰撞、相互冲突、相互选择，最后融合成城市特有的文化内涵和文化内容，尤其是在城市化进程加快的过程中，人口的流动性增强，人们纷纷涌向城市，使得多种文化在城市中集聚，对城市原有的文化进行冲击和洗礼，使城市成为了大熔炉，多种文化求同存异，多元共生。

（五）时代性。城市文化是城市历史发展的产物，被清晰地烙上了时代的痕迹，受时代背景和历史文化影响显著。不同历史时期的城市文化其内涵和内容都是不同的，随着历史进程的推进和城市发展日趋成熟，城市文化的内涵也在不断更新和拓展，内容从单一化向多元化转变，城市文化的表现形式也日趋丰富。

二、嘉峪关市城市文化品质建设的基础

嘉峪关自古以来就是内地连接西域、远通中亚西亚的交通要冲，风光壮美、历史悠久、人文厚重、文化斑斓。尽管总面积只有 2935 平方公里，但自然和人文资源众多，有清颜圣洁的雪山冰川、壁立千仞的激流峡谷、碧波荡漾的塞上草湖、辽阔雄浑的戈壁大漠，有巍峨壮丽的天下第一雄关、原始粗犷的黑山摩崖石刻、

精美绝伦的魏晋地下画廊，这里驻留过张骞开通西域的坚毅身影、玄奘西行的传奇足音、林则徐出关的深情感赋、左宗棠经略西北的植柳回望，是一片神奇瑰丽的大美之地。在漫长的历史发展和城市开发建设中，嘉峪关形成了以爱国主义为核心的长城文化、以开放交流为核心的丝路文化、以戍边卫国为核心的边塞文化、以自由勇敢为核心的游牧文化、以多元共存为核心的少数民族文化、以创业创新为核心的现代工业文化、以和谐共融为核心的移民文化等特色地域文化，是一座文化多样、个性鲜明的魅力城市。同时，嘉峪关并不因为自己古老悠久的历史而固步自封，相反地始终拥有开放创新的意志和胸怀。这既得益于很好地继承了曾经作为中原王朝与周边少数民族以及中亚西亚各国交流合作重镇的历史基因，同时又直接反映出这座工业城市、移民城市特有的文化品格。近年来，嘉峪关市立足资源优势，积极传承保护历史文化，大力实施文化精品战略，协调推进公共文化服务体系建设，文化基础设施建设取得重大突破，形成了支撑城市文化建设的“五大系统”，城市文化品质不断提升，为城市的全面发展奠定了良好的基础。

（一）加强对文化遗产的开发利用，初步建立特色地域文化传承保护发展系统。多年来，嘉峪关市矢志在传承历史文化上做文章，对嘉峪关关城、悬壁长城、长城第一墩、石关峡、新城魏晋墓、龙王滩等历史文化遗产进行保护开发。成立了长城文化研究会和丝路文化研究会，对长城文化与丝路文化的交汇、西域少数民族文化与中原文化的融合，历史文明与现代工业文明的对接进行深入研究和挖掘，建成了一批大型精品文化工程，城市品位和人文气息日益浓厚。

（二）注重文化与旅游的深度融合发展，培育壮大了文化旅游产业发展提升系统。近年来，嘉峪关市按照提升城市文化品质、建设丝绸之路经济带旅游目的地城市的目标，抢抓丝绸之路经济带、华夏文明传承创新区建设等历史机遇，实施了世界文化遗产保护工程、华强方特欢乐世界等一大批成长性好、带动力强、综合效益优的精品文化旅游项目，总投资超过 200 亿元的文化产业园初具规模，成为提升城市文化品质的有效手段，在调整产业结构、转变发展方式方面发挥了重要作用。

冬日关城

雪锁悬壁

（三）完善设施网络，形成种类齐全、层级分明、功能全面的公共文化空间系统。文化设施网络是公共文化服务体系建设的硬件基础和依托空间。经过多年的建设，嘉峪关公共文化设施已呈现种类齐全、设备先进、功能完备的状态，为公共文化活动的开展提供了良好的空间载体。以文化馆、图书馆、少儿图书馆和城乡社区文化中心为重点，加强文化基础设施建设，建立了大型公共文化服务机构分布南北核心区域、社区文化中心遍布居民小区的服务格局，进一步提升了城市文化服务能力。

嘉峪关戈壁大峡谷

万里长城第一墩

（四）坚持公益性原则，建立多层次的、面对各类群众的免费文化服务系统。公共文化服务的公益性原则，在某种意义上就是指免费服务。从2012年起，嘉峪关所有公共文化场馆实行免费开放，建成了一批24小时自助图书馆，满足了读者就近、便利、快捷的借阅需求。同时，嘉峪关市在免费服务方面加强创新，公益服务面进一步扩大，这些免费服务已形成嘉峪关公共文化服务的领先示范系列产品，包括免费培训、免费电影、免费讲座等，构建起了更加完善的公共文化免费开放系统。

岩画舞

▲ 惠民小区

（五）提升公共文化活动的影响力，培育并打造文化活动品牌系统。基于品牌的巨大力量，创设并培育系列城市文化品牌建设，对于城市文化发展和城市品质提升无疑具有多方面的重大意义。嘉峪关积极培育和打造本土文化品牌，书香雄关、嘉峪关读书月、市民文化大讲堂、雄关大舞台等一系列公共文化活动品牌深入人心。成功举办了10届国际铁人三项赛、4届国际航空滑翔节和两届敦煌行•丝绸之路国际旅游节系列活动、首届国际文化产业大会暨第五届甘肃省文博会、国际短片电影展等一批重大节会活动，尤其是嘉峪关国际短片电影展、嘉峪关丝

▼ 嘉峪关市图书馆

路·长城（国际）音乐文化节等重大文化品牌更是吸引了国内外知名艺术家和团体的参加，成为全省知名的文化品牌。通过品牌活动的知名度、美誉度和影响力、凝聚力，吸引市民的主动热情参与，提高了城市文化形象，形成了嘉峪关“活的文化、新的传统”。

三、嘉峪关市城市文化品质的提升策略

提升嘉峪关的城市文化品质，关键在于立足特色文化强市和华夏文明传承创新区建设，推动文化发展与城市建设的深度融合，将文化建设整体融入城市品质建设的全过程，促进城市发展特色化、城市品牌名牌化、城市文化价值最大化，让城市的每一个角度都渗透出强烈的文化精神，让城市的每一处风景都洋溢出浓郁的文化气息，着力打造文化产业强大、文化特色鲜明、文化影响广泛的现代化区域中心城市。

（一）转变政府的文化管理职能。政府作为城市文化的建设者和执行者，在城市文化品质建设中，其行为对城市文化的发展方向和发展结果有着举足轻重的影响。特别是在加快政府职能转变的过程中，应该对城市文化发展目标进行合理规划，积极主动地采取各项政策和措施，为打造精品城市文化提供政策支持和发展平台，并通过加快文化建设来带动城市文化品质提升。

1. 完善文化管理体制。当前政府职能转变的重心之一便是强调社会服务，这种转变有利于提高文化生产力的产值与效率，有利于增进社会文化服务的质量和水平。传统文化管理体制具有高度集中的计划特征，强调以行政手段为主的管理方式导致文化管理体制缺乏创新与活力。政府职能方式的转变，要求始终坚持“精简、统一、高效、透明”的原则，积极运用经济手段和法律手段予以调整与规范，既有助于提升政府文化管理的水平，也有助于增进文化体制的创新。因此，要按照政企分开、政事分开原则，推动政府部门由办文化向管文化转变，推动党政部门与其所属的文化企事业单位进一步理顺关系，不断强化政策调节、市场监管、社会管理、公共服务职能。创新文化行政管理方式，善于综合运用法律、行政、经济、科技等多种管理手段，加快文化立法，加强行业自律，做到科学管理、依法管理、有效管理。

2. 健全正确舆论导向体制机制。党的十八届三中全会通过的《中共中央关于全面深化改革若干重大问题的决定》指出，要“健全坚持正确舆论导向的体制机

制，健全基础管理、内容管理、行业管理以及网络违法犯罪防范和打击等工作联动机制，健全网络突发事件处置机制，形成正面引导和依法管理相结合的网络舆论工作格局。”加强各类媒体管理，强化网络舆论引导，才能充分发挥新闻媒体在全面深化改革中的正能量作用。主流媒体传播力、公信力和舆论引导能力提升，是加强和改进舆论管理的重要内容，必须深入研究新闻媒体内部对采编和产业经营活动的不同管理制度和考核办法，健全党管媒体、把握导向的制度保障。推动嘉峪关日报社、嘉峪关广播电视台进一步完善管理和运行机制，建立各类新闻出版从业人员数据库及不良从业行为记录，建立市、部门单位、重点网站网络舆情引导三级协同体系。落实互联网信息服务管理办法和新闻信息服务管理规定，抓好新闻网站、论坛、移动客户端、手机报等新媒体管理，推动传统媒体和新兴媒体融合发展，积极发展网络视听媒体。全面推进市委、市政府新闻发布工作，强化新闻应急机制建设，加强热点问题和突发事件舆论引导，通过正面引导推动问题的解决，增强主流舆论引领力。

3. 深化国有文化单位改革。国有文化单位是公共文化产品的主要提供者，作为直接关系百姓、惠及民生的部门，深化国有文化单位改革，不断创新体制机制，增强文化服务能力，是激发文化创造活力、满足人民群众文化需求的必然选择。今后一个时期，嘉峪关应加快推进国有经营性文化单位改革，按照现代企业制度的要求，完善法人治理结构，全面推进文化事业单位人事、收入分配、社会保障制度改革，不断增强发展活力。创新运行管理机制，明确不同文化单位的功能定位，继续推进国有经营性文化单位转企改制。加快推动文化企业公司制、股份制改造，培育合格市场主体，完善法人治理结构，建立现代企业制度，激发内生动力，做大做强市属文化企业。按照经营性文化事业“脱钩、分类、转制、搞活”的原则，将经营性资产从事业体制中剥离。深化文化事业单位人事、收入分配、社会保障、经费保障等制度改革，加强事业单位法人资格和法定代表人资格管理，在市图书馆、文化馆、少儿图书馆等逐步推行建立法人治理结构和理事会制度，吸纳有关方面代表、专业人士、各界群众参与管理。鼓励嘉峪关广播电视台稳步推进制播分离，加强资源整合和跨媒体合作，逐步建成较大型综合性传媒集团。

（二）构建现代公共文化服务体系。公共文化服务水平作为一种文化软实力，是一座城市品质与品位的体现，不仅带来可知可感的文化民生福祉，也将助推城市升值。提高公共文化的发展水平，应该更加注重统筹公共文化政策制定、设施网络完善和重点文化惠民工程建设，不断增强文化产品供给能力。

1.增强公共文化服务供给能力。不断增强公共文化服务能力的目的，就是要在确保不存在偏见、歧视、特殊门槛前提下，满足人民基本文化需求，让人民群众能够有机会“广泛享有免费或优惠的”均等化基本公共文化服务项目，做到真正把城市文化品质建设的结果提供给城乡广大群众。在今后的工作中，嘉峪关市应该充分统筹市、区、社区、镇村公共文化设施，整合基层宣传文化、党员教育、科学普及、体育健身等设施，推动建设综合性文化服务中心，实现资源整合、共建共享，提高公共文化设施的综合利用水平，发挥最大服务效益。创新建设公共数字文化服务体系，建立覆盖城乡、以数字网络技术为主要服务手段的数字公共文化服务平台。加快智慧城市建设，实施社区信息化、免费 Wi-Fi 等一批信息惠民工程。提升公共文化产品和服务供给能力，促进基本公共文化服务的标准化、均等化建设。完善公共文化设施长期免费开放的保障机制，继续推进公共文化单位无障碍、零门槛进入制度，提升免费开放和服务水平。

2.深入推进文化惠民活动。让群众在家门口就能享受到优质的公共文化服务，是文化惠民工作的主攻方向，也是高品质城市建设的题中应有之义。嘉峪关市应该发挥基础设施较好、服务体系和工作机制较为完善的优势，继续以保障人民群众文化权益为主要内容，深入开展各类文化惠民活动。深入推进“农家书屋”“西新工程”五期等文化惠民工程建设，开展好“书香雄关”全民阅读等特色活动。实施文化低保工程，鼓励城市对农村进行文化帮扶，增加农村文化服务总量，逐步缩小城乡文化差距。明确适合、适应、适当的服务标准，形成文化服务均等享受、文化发展同步推进的城乡文化一体化发展格局。

3.加大公共文化服务采购力度。2015 年 5 月，国务院办公厅印发了《关于做好政府向社会力量购买公共文化服务工作的意见》，明确提出要建立比较完善的政府向社会力量购买公共文化服务体系，形成与经济社会发展水平相适应、与人民群众精神文化、体育健身需求相符合的公共文化资源配置机制和供给机制。嘉峪关市在这方面尚处于探索阶段，应该着手建立政府采购资助目录，明确采购对象、数量、金额等指标，落实国家税收减免政策，实施项目补贴、定向资助等政策措施。培育文化非营利组织，鼓励文化非营利组织和各类文化企业参与文化惠民活动，形成以政府为主、社会力量积极参与的公共文化服务投入机制，推动公共文化服务社会化发展。落实和完善相关政策，引入公共文化服务竞争机制，鼓励公共文化服务进行项目外包和设施委托管理。以合作联办等形式，引导社会力量通过兴办实体、资助项目、赞助活动、提供设施、志愿服务等形式参与公共文化服务，鼓励社会力量组建流动图书馆、博物馆、美术馆，提高公共文化服务资源的配置和使用效率。

（三）健全完善现代文化市场体系。随着经济的发展与文化的传播，文化市场日益成为城市有机体与城市品质发展的重要组成部分，并在城市文化品质提升中发挥着不可或缺的作用。随着文化市场的日益繁荣、各类文化企业不断涌现和文化业态的不断丰富，对嘉峪关文化市场的管理服务提出了更高要求。为此，要结合文化市场发展实际，制定切实有效的措施，不断增强文化企业竞争力，支持各类文化企业发展壮大，健全文化市场监管体系，促进文化资源的有序流动与合理配置。

1.促进文化市场繁荣壮大。从嘉峪关市目前文化产业发展状况来看，虽然文化大发展大繁荣的氛围已经形成，一些文化产业有了很大的发展，但缺少带动辐射功能强的优势文化企业。在提升城市文化品质的过程中，应发挥好现有优势企业的作用，注重国有与民营互为补充、互为促进，培育多层次文化产品和市场要素，加快文化资源流动，真正让企业成为文化市场的主体。为此，在政策层面上，既要加快培育大型骨干文化企业，又要积极培育中小型文化企业，努力形成大、中、小型企业分工协作、竞相发展的良好格局。要加快推动文化企业跨地区、跨行业兼并重组，促进规模化、集约化经营，集中力量打造一批有实力、有竞争力、有影响力的国有或国有控股文化企业。充分发挥各种文化产业集聚区的作用，积极培育、孵化中小型文化企业，努力形成以大带小、以小促大、大中小协调发展的良好企业生态。

2.加大文化企业扶持力度。文化产业特有的经济属性和人文价值，决定了只有政府才能把发展产业和培育市场紧密结合起来，实现政府和市场的良性互动，才能推动文化产业持续快速健康发展。在政策的制定、资金投入取向等方面，充分发挥政府的支撑和保障作用，由政府提供支持服务和进行把关定向，是发展文化产业的客观要求。要探索文化金融创新模式，完善文化企业金融扶持政策，通过政策引导、项目对接、信息服务、业务培训、信用增进、资金支持等方式，提升金融机构服务文化企业的能力，促进文化与金融对接。支持各种形式小微文化企业的发展，建立小微文化产业信贷风险专项资金，为小微文化企业打通融资渠道。培育具有地方特色的小微文化企业，支持各种形式小微企业向专、精、特、新方向发展，实施跨地区、跨行业、跨所有制业务合作，打造中小企业集群，推动小微企业做大做强。鼓励各类企业在嘉峪关进行文化科技研发，探索重大节庆活动市场化运作的途径，研究制定重大节庆活动政府牵头、市场化运作的具体思路和措施，加强对文化产业的政策建议、培训评比和监督协调，促进文化企业的横向联系与纵深合作。

3. 健全文化市场监管体系。加强文化市场的监督管理，是由文化产品和文化服务的特点所决定的。文化市场是相对于物质产品而言的精神产品市场，生产和交换的都是文化产品和服务。文化市场的监督管理，实际上是政府社会管理的一个重要方面，其核心是对文化市场价值目标、行为准则的实现程度和遵守状况的一种监督管理。就嘉峪关而言，要针对文化市场的发展特点，加快完善文化市场综合行政执法体制，构建符合嘉峪关实际的文化市场综合行政执法体系。开展“扫黄打非”工作，加强知识产权保护，重视出版物市场监管，依法严惩侵权盗版行为。加强文化市场监管，建设嘉峪关文化市场技术监管与服务平台和版权监管平台，建立文化市场征信系统，争取建成首批全国文化市场技术监管与服务平台的应用城市，打造干净、有序、繁荣的文化市场。同时，还要加强文化产业统计工作，健全全市文化产业统计信息库，完善文化产业考核评价体系和激励机制。

（四）推进华夏文明传承创新区建设。华夏文明传承创新区，是迄今为止国家批复的唯一以文化为主题的发展战略平台。嘉峪关市应该紧抓政策机遇，立足特色文化资源优势，建设优秀传统文化传承体系，古为今用、推陈出新，推动传统文化现代化，努力构建文化旅游深度融合的发展格局，不断丰富城市文化品质内涵。

1. 统筹文化资源和生产要素。建设华夏文明传承创新区，对于弘扬中华民族优秀文化，促进甘肃经济社会转型跨越发展具有十分重要的意义。全省总体方案提出，将全力支持嘉峪关参与丝绸之路文化发展带、河西走廊文化生态区建设。这些政策完全符合嘉峪关市文化发展实际，对推进特色文化强市建设具有很强的指导作用。因此，在工作中要不断创新发展思路，结合嘉峪关实际，重点谋划实施“1251”工程，即：用好一个品牌，推动两个发展，打造五个园区，实现一个目标。用好“世界文化遗产嘉峪关”这一品牌，推动文化产业与文化事业“两个发展”，打造以嘉峪关世界文化遗产保护为核心的历史文化展示园区、以华强科技文化产业园为龙头的科技生态文化创意园区、以丝绸之路非物质文化遗产古镇为重点的文化体验园区、以国际短片电影展为带动的节庆赛事文化交流园区、以城乡文化共同繁荣发展为目标的城乡文化一体化示范园区，实现推进华夏文明传承创新区建设的目标。

2. 加强文化遗产保护传承与利用。促进科技与文物保护的结合，是文化遗产工作中的一个重要方针，要使各类遗产妥善保护、永续传承，必须依靠科技手段来解决。嘉峪关在文化遗产保护方面开展了富有成效的工作，也积累了一定的经验。今后，应继续把文化遗产保护传承与利用当作城市文化品质建设的核心和品牌，作为一篇大文章来做，系统整理挖掘嘉峪关优秀传统文化资源，推进历史文化名城建设工程，加强传统文化的研究、挖掘和开发。尤其要针对工作薄弱点，实施对非物质文化遗产的抢救性保护、生产性保护、整体性保护、传承人保护及记忆传播等，创建国家级生产性保护示范基地、省级文化生态保护实验区及非物质文化遗产研究基地。鼓励和引导社会力量，兴办体现区域特色、行业特性和地方文化特色的民办博物馆，鼓励民办博物馆参与非物质文化遗产的抢救、保护和展示，鼓励民办博物馆实行免费开放。振兴和发展民间文化，把传承和弘扬优秀传统文化融入新型城市化和新农村建设，保护利用开发有历史记忆、地域特色、民族特点的美丽城市、美丽乡村，推进乡村文化旅游。同时，要加强嘉峪关民间文学、民俗文化、民间音乐舞蹈的保护和传承。

3. 推进文化与旅游的深度融合。近年来，嘉峪关市在推进文化产业与旅游产业融合发展上，进行了大胆探索和尝试，取得了较好的社会效益和经济效益。当前，在保持经济社会健康发展的大背景下成为进一步推动文化产业与旅游产业深度融合非常有利的条件。从现有的发展基础和经验来看，主要的着力方向应该集中在谋划实施重点文化项目、提升文化旅游产业层次和加强区域文化资源的整合利用等方面。要发挥重大文化产业项目带动作用，实施好嘉峪关世界文化遗产保护与展示工程、丝绸之路文化博览园、嘉峪关南湖文化生态园、新城草湖国家级湿地文化公园、嘉峪关戈壁大峡谷景区、丝绸之路葡萄酒文化展示中心、观礼古镇文化休闲生态旅游景区等一批文化旅游产业项目。积极引导扶持社会资本发展民营文化旅游项目，形成“雄关冰雪文化产业园”“雄关博物馆”等一批旅游景点和产品。建立对外交流合作机制，继续参加或举办好省文博会、嘉峪关文博会、兰洽会等节会展会，加强与河西走廊兄弟城市和哈密、吐鲁番、乌鲁木齐等城市

南湖晚照

雨后讨赖

大鸟天堂

南湖风景

之间的合作交流，努力构建主题突出、优势互补的区域文化旅游产业发展格局，打造丝绸之路精品旅游线路，助推文化旅游产业快速发展。

第三章　生态品质提升研究

当前，随着城市化进程的加快、旅游业的发展和宜居理念深入人心，城市生态品质得到了各方高度关注，各地争相将园林城市建设作为重要目标之一。尤其是西部城市，由于自然禀赋和气候的影响，更是将生态品质建设放在了突出位置。可以说，城市生态品质建设已成为当前西部城市建设的标配和一项不可或缺的硬杠杠。当前，国家将甘肃省定位为重要的生态安全屏障，为推进生态建设提供了重大机遇，可以说，嘉峪关市提升生态品质，也面临实现跨越发展的历史性机会。

一、生态品质提升的重大意义

2012年11月召开的党的十八大，从实现中华民族伟大复兴和永续发展的全局出发，首次把“美丽中国”作为生态文明建设的宏伟目标，把生态文明建设摆上了中国特色社会主义五位一体总体布局的战略位置。党的十八大以来，以习近平同志为总书记的党中央围绕生态环境保护这个长期任务，围绕建设美丽中国，实现中华民族永续发展，滋养生生不息的中华文明，高瞻远瞩战略谋划，在2015年10月召开的十八届五中全会上，鲜明提出了绿色发展理念。习总书记指出，人类追求发展的需求和地球资源的有限供给是一对永恒的矛盾，必须解决好“天育物有时，地生财有限，而人之欲无极”的矛盾，达到“一松一竹真朋友，山鸟山花好兄弟”的意境。

（一）提升生态品质是主动适应和引领经济发展新常态的必然选择。当前，经济发展进入新常态，如何实现更为持久、更加全面的发展，是一项绕不过去的重大挑战。在经济新常态下，加大生态文明建设力度，提升生态品质，就是主动适应引领经济新常态的主要方面和基本要求。在经济新常态下，各类资源和能源约束更加严格，对生态品质建设提出了更高要求。离开了生态文明的健康发展，经济建设就失去了根基。必须加大生态文明主张的以循环生产模式替代线性增长模式，根据资源输入减量化、延长产品和服务使用寿命、使废物再生资源化三个原则，把经济活动组织成一个“资源—产品—再生资源—再生产品”的循环流动过程，以最小的资源和环境成本，取得最大的经济社会效益，使经济活动更加适应新常态下的硬约束，使经济建设在把握自然规律的基础上积极地能动地利用自然，走可持续发展之路。

（二）提升生态品质是坚持以人为本、顺应民意期待、提升生活品质的现实需要。在嘉峪关这样的西部戈壁城市，人们对绿色的向往是真挚的、持久的，也是永恒的。“智者乐山、仁者乐水”的古语，精辟地道出了生态品质与人们精神生活和生存状态的紧密关系，也道出了一个高度的生态文明对人们心性的塑造、行为的滋养、习惯的养成乃至人格的丰富，都具有重要意义。生态文明意味着人们自我意识的升华，标志着道德进步和道德完善，也标志着人类处理环境生态问题的一种新视角、新思路。安全、健康、舒适的生态环境，是人们健康成长的物质条件和可靠保证。它对人的生理健康、心理健康及人际关系的和谐起着极为重要的作用，它有助于建立良好的人际关系，有利于促进社会文明的发展，提高人的素质。必须把生态文明建设和生态品质提升融入经济社会发展的始终，努力使人们对其有充分的认识、理性的思考、积极的行动，共同建设良好的生态文明氛围。

（三）提升生态品质是加快建成全面小康社会、实现生态安全屏障建设目标的重大抉择。当前，生态文明建设已经成为我国的执政准则之一，一切不符合生态文明的行为正在逐步得到纠正，而符合生态文明的政策正在不断出台。生态文明基于人与自然的平等观，把发展与生态保护紧密联系起来，提出在保护生态环境的前提下发展，在发展的基础上改善生态环境，实现人与自然的协调发展，在文化价值观、生产方式、生活方式、社会结构上都体现出了一种人与自然关系的崭新视角。要按照全面建成小康的要求，加快调整产业结构、生产方式和消费模式，大力宣传和普及生态文明意识，建立健全保护环境、维护生态平衡的制度，借鉴、吸收国内外的先进经验，担负起祁连山生态保护的参加者和责任人职责，切实将嘉峪关市建设成为国家生态屏障的关键链条之一。

（四）提升生态品质是实践和传播中华文明的内在要求。中华文明之所以源远流长，重要原因之一就是中华民族文化具有崇尚自然的传统和天人和谐的思想，传统文化理念中蕴含着深刻的生态智慧，中国的历史传统延续着深刻的生态智慧。中国传统文化中固有的生态和谐观，为实现生态文明提供了坚实的思想源泉。生态伦理思想是中国传统文化的主要内涵之一，中国儒家主张“天人合一”，其本质是肯定人与自然界的统一，肯定天地万物的内在价值，主张以仁爱之心对待自然，体现了以人为本的价值取向和人文精神。中国道家提出“道法自然”，强调人要以尊重自然规律为最高准则，以崇尚自然、效法天地作为人生行为的基本皈依；强调人必须顺应自然，达到“天地与我并生，而万物与我为一”的境界。中国历朝历代都有生态保护的相关律令。如《逸周书》上说：“禹之禁，春三月，山林不登斧斤。”这些无一不闪烁着生态智慧的光芒。当前，提升生态品质就是对先人智慧和中华文化最好的纪念和最佳的诠释方式之一。

二、生态品质提升的理念

生态品质关乎人们社会生活的方方面面，是确保经济社会持续健康发展的一项综合性、基础性的指标。站在为全面建设小康社会提供重点支撑的角度，站在立足本地自然禀赋和整体环境的角度，站在生态品质得到科学、系统提升的角度，未来生态品质提升应重点树立以下理念。

（一）树立尊重自然、顺应自然、保护自然的理念。将大自然作为生态品质建设的“标杆”，善于将大自然在千百年间形成的生态系统“观念”应用到生态品质提升中，通过生态品质提升促进经济社会持续健康发展，将生态品质提升放在突出地位，融入经济建设、政治建设、文化建设、社会建设各方面和全过程，最终实现生态品质的系统化、普遍化和自然化。就嘉峪关市而言，在生态品质提升中，贯彻自然理念，是未来工作的一项重点。

（二）树立发展、保护和建设相统一的理念。推动绿色发展、循环发展、低碳发展，平衡好发展、保护和建设的关系，合理控制开发强度，优化城乡空间结构，给子孙后代留下天蓝、地绿、水净的美好家园，实现发展与保护的内在统一、相互促进。在生态结构良好的地区重点做好保护工作，在生态系统脆弱的地区，必须加大建设和投入力度，实现生态与经济同步发展。就嘉峪关市而言，主要应在建设上下功夫，持续保证生态方面的投入。

（三）树立自然价值和自然资本的理念。充分认识良好的自然生态环境，在维护生态系统安全、提升社会生活品质、塑造独特精神气质、保护生物多样性、促进人与自然和谐等方面的独特价值。充分认识到保护自然就是增值自然价值和自然资本的过程，也就是保护和发展生产力的过程，只要矢志不渝地推进生态品质提升，在现实和未来发展中，必然会得到丰厚回报和系统性补偿。对嘉峪关来说，生态品质建设已经在城市发展中实现了“回馈”。

（四）树立空间均衡、留有余地的理念。生态品质提升必须立足当地实际和自然生态环境禀赋，立足自身经济社会发展阶段性目标和长远目标，努力把握人口、经济、资源环境的平衡点，坚持人口规模、产业结构、增长速度等不超出当地水土资源承载能力和环境容量，不透支未来发展的潜力和空间，不达到和接近资源环境的饱和点，切实防止过度开发和利用，使生态留有余地。对嘉峪关而言，就是要努力做到城乡均衡发展、避免过度开发。

（五）树立山水林田湖是一个生命共同体的理念。按照生态系统的整体性、系统性及其内在规律，立足本地气候条件、生态资源的实际，统筹考虑自然生态各要素、山上山下、地上地下以及流域上下游，进行整体保护、系统修复、综合治理，加大对薄弱环节和滞后领域的投入和建设力度，切实增强区域生态系统循环能力，始终保持和维护生态系统的总量和动态平衡。对嘉峪关市而言，要自觉纳入祁连山生态保护和国家生态屏障建设大局，实现全市生态系统的有机衔接，确保生态气息的畅通。

三、嘉峪关市生态品质提升的基本原则

综合目前嘉峪关市生态品质建设的现状、未来生态品质建设的方向、生态品质建设的定位及配合建设丝绸之路经济带战略节点城市需求等若干方面，下一步应该坚持“巩固、综合、深化、伦理”的原则，推进生态品质建设向纵深发展。

（一）坚持巩固好已经取得的生态建设成果。近年来，随着城市绿化覆盖率的逐年攀升，对生态品质建设的巩固提出了新的更高的要求。在这方面，嘉峪关市已经投入了大量人力物力，取得了重大进展。但如何确保重点生态建设工程长期处于高水平营运维护状态，确保花常开、水长流、树常绿、地常净，则需要进一步探索出更加有效的管理体制机制。要进一步加大投入、加强巡视和管护，通过常态化管护、无死角巡视、全天候行动，确保在适宜季节有时令花卉四处盛开，城区沿街草坪绿地都得到精心维护保养，绿化灌溉设施能够正常工作，大气污染

防治始终得到高度重视，空气清新怡人，天空湛蓝通透，确保生态建设始终沿着良性轨道向前发展。

（二）坚持新旧市区和城市乡村生态建设综合发展。当前，嘉峪关市生态文明建设的一个重大特点是，南市区绿化覆盖率和生态建设水平远远高于北市区，城市建成区绿化覆盖率和生态文明建设水平远远高于农村居民居住区，存在较为明显的南北和城乡差异。未来，应结合北市区棚户区改造这一历史性机遇，进一步加大生态文明建设力度，新建并营造一批临街亲民的景观花园，全面提升北市区绿化覆盖率和生态文明建设水平；同时，结合新农村建设和城镇化发展，全面改进农村集镇及居民点的绿化和生态建设工作，进一步加大投入，创新机制、加强规划，全面改善农村地区生态建设随意化、低水平、杂乱无序等问题，实现全市生态品质的综合提升和发展。

市区远眺

（三）坚持深化生态建设内涵、提升生态品质层次。在保持现有绿化和水域面积基础上，确保绿化覆盖率等指标逐年稳步增长。要进一步加强居民小区、旧街区等薄弱环节的生态建设维护工作，通过创新体制机制，加强物业管理的生态文明建设职责，构建延伸至居民小区的绿化及生态建设格局，切实改变街面绿化水平高于小区，主干道绿化水平高于辅助道路等状况，使广大市民能足不出户，就能靠近绿色、亲近花卉、领略芬芳，使居民小区真正成为市民乐居、安居的栖息之地和生活后花园。同时，要进一步提升既有绿化区域景观化、园林化水平，增加特色花卉的种植，使“树随路走、花伴人行”在每条街道、每个区域都能完整立体地体现出来，切实改变现在个别路段尤其是老街区路段“有树无草”或“有草无花”的问题，通过全面的立体式绿化建设，在现有绿化用地紧张的情况下，最大程度实现“内涵式”集约发展。

嘉峪关市区新貌

（四）坚持生态伦理观念，实现人与自然的高度和谐。对自然的掌控并非人类的权利，任何设计都应该顺应自然法则。正确的生态伦理观是一种全新的自然道德观，它在理论上要求当代人要牢固树立生态意识和长远利益，在实践上强调可持续性，提倡人们用对自然的“道德良知”与“生态良知”，来进行服从生态规律的科学生活、绿色消费，将伦理学中人的“德性、爱、节制、和谐”等理念扩展到整个自然界，将人与人之间的关系延伸到人与自然之间的关系，以扩大人类的责任范围，承担自然的责任和义务。生态的景观往往意味着生命力更顽强的景观，但这并非指完全忽视生物环境的不同需求，如在炙热的旱地广场上种植喜湿或水生植物，又抑或在狭小的城市风口硬生生挺立一颗孱弱的景观树，这并非改善环境的生态手法，因为不仅人是价值主体，其他生命和自然物体也是价值主体，同样有着受尊重和获得满足的需求，同样需要人文关怀，一切生命都具有生存权利，在共享地球生态资源上人与一草一木都是平等的，植物也有权利争取更适合自身的生存环境。[1]这些论述说明，嘉峪关市进行城市生态品质提升，必须注重结合本地自然、气象环境，种植、摆放、设计适应本地气候和城市生态品质需求的景观园艺作品，不能生搬硬套，造成景观建设水土不服和不符合实际需求的后果。

---

① 周武忠：《“绿色”与“艺术”提升城市品质》《艺术百家》，2012 年第 3 期，第 28 页。

四、嘉峪关市生态品质提升的重点环节

生态品质提升是一项系统工程、百年工程，需要综合施策、整体发力、立体推进、突出重点、彰显特色。综合来看，嘉峪关市城市生态品质在近年来发生了重大跃升，进一步深化了嘉峪关市干部群众对生态品质建设重要性的认识，进一步丰富了老工业基地城市可持续发展的宝贵实践。但嘉峪关市生态品质提升还有很大空间，也有大量艰苦细致的工作要做。根据中央、甘肃省委关于生态建设的部署和嘉峪关市生态文明建设的实际，未来嘉峪关市生态品质提升应主要从以下几个方面发力。

（一）力争继续推出一批重大骨干生态建设项目。“望得见山，看得见水，游得了园、透得了气”，是嘉峪关市作为西部戈壁城市的一大优势和特色，这个优势永远不能丢，也丢不得、丢不起。良好的生态品质是这座城市的最好门面，是最大的民生福祉，是群众心里最大的期许，也是高水平生活和高品质城市的必备要件。未来无论时间如何变幻，嘉峪关市都应将生态品质建设作为一项全民共识和百年工程，矢志不渝地抓下去。

嘉峪关提升生态品质，应综合生态建设现状，着眼城市未来发展，立足城市公园空间布局，结合旧城区改造和新区拓展以及棚户区改造的历史性机遇，结合城乡一体化发展，前瞻谋划、科学决策、大胆创新，力争在“十三五”期间大幅度提高旧城区核心区的园林景观化水平，力争推出一至两个像东湖、南湖、龙湖这样大体量、大手笔、高品质的生态工程，力争上马一到两项大规模、大跨度、长距离的环城绿化项目，力争在“十三五”末使绿化覆盖率达到50%左右。国内外学者的大量研究表明，城市绿化覆盖率达50%时，可保持良好的城市环境和生态效益。根据嘉峪关市城乡未开发、未利用、未绿化土地实际，通过大规模的外围植树造林和旧城改造绿化、增加城市核心地段绿地等工程，达到这个标准是完全可以实现的，而且应该向这个方向努力，关键是要在思想认识上更进一层，工作方法上更有力度，明确奋斗目标，矢志不移推进。尤其可以考虑在“用活水资源、做活水文章”上大胆进行思想创新，利用未来几年大规模棚户区改造工程的历史性机遇，借助全市地形西高东低的特点，将地势较高的迎宾湖等水体资源引入城市，真正实现引水进城、以水造城、填水绕城，大幅提高城市核心地点的绿化和水域面积，形成曲径通幽、流水潺潺、园囿桥廊组成的水系和水体，形成城市新的绿化景点、生态景观和绝佳景色，打造城市核心地段绿肺，支撑城市核心

地段高端酒店、写字楼、城市综合体、文化旅游综合体等产业发展。持续美化家园，不断增绿营水，扮靓戈壁明珠，使这里的空气更清新、水面更开阔、绿地更舒展、花圃更艳丽、生态更宜人，使塞上明珠处处风光旖旎、城乡风景如画，令人心神俱畅、沉浸其间、若处天然，使广大市民和外来宾客，可得佳木繁花之赏、蓝天白云之赐、洁净空气之养、圣洁雪山之韵，实现身体与心灵的双重滋养，达到生活与环境的完美契合。

湖光山色

（二）着力构建生态安全走廊和屏障。构建维护城市生态安全的绿色走廊，构筑好经济社会持续健康发展的生态屏障，是生态品质建设的重要一环。嘉峪关市地处戈壁内陆，是典型的资源型城市，面临着城市绿化、退耕还林、封滩育林、公益林保护、三北防护林建设，以及治理因矿产资源开发利用造成的生态环境破坏等一系列繁重的生态建设任务。抓好国家和省上的生态建设政策机遇，用足用好国家和省上的生态补偿政策，是增加生态建设投入、提高生态建设水平的有效方式。多年来，嘉峪关市实施的林业生态建设工程（除城市绿化）主要是根据省林业厅下达的计划任务指标，中央和省财政补助标准仅为每亩 300 元，地方配套约 30%。但嘉峪关市可供造林地段绝大多数立地条件差、对造林技术要求高，苗木移种、人工整地、客土回填、灌溉管护等费用缺口仍然较大。因此，要在建立政府生态建设投入稳定增长机制的基础上，把争取中央和省上生态补偿资金作为解决资金缺口的一项重要工作。相关部门要相互协作，主动对接政策，深入细致地研究国家和省上现有的生态补偿政策，积极做好向国家、省林业厅争取资金的工作。

下一步，应继续落实三北五期封滩育林工程任务，争取扩大公益林面积，改善生态环境，提高森林覆盖率。要根据中央提出的巩固退耕还林成果，统筹安排新的退耕还林任务的要求，密切关注宏观政策，积极谋划对接，争取嘉峪关市退耕还林工作进入新一轮国家任务计划，继续享受国家和省上的生态补偿政策。加强国家生态功能区保护和管理，增强涵养水源、保持水土、防风固沙能力，保护生物多样性。强化生态保护与治理，推进荒漠化、石漠化、水土流失综合治理，加强讨赖河流域水生态修复与水利工程建设，建设贯穿全市境内的沿河绿化带和长距离、宽带型、渗透型、大体量的生态走廊。

（三）全力抓好大气污染治理和防治。嘉峪关市作为典型的工业城市，大气污染防治任重道远，大气质量的好坏直接决定着生态品质建设的成果。嘉峪关市委、市政府对做好大气污染防治工作，提出了“一年见成效、两年大改善、三年促完善”的目标任务，成立了大气污染防治领导小组和指挥部，制定下发了《大气污染防治实施方案》，对嘉峪关市未来大气污染防治工作提出了明确要求。从建设良好生态品质城市而言，关键是要认真借鉴其他城市好的经验做法，进一步提高思想认识，强化大局意识和责任意识，靠实责任、细化措施、攻坚克难，综合施策、重拳出击，推动大气污染治理取得实实在在的成效。坚决贯彻落实中央、省上和市上的决策部署，把大气污染治理作为最大的民生工程，全面强化政府的监管责任、企业的主体责任，刚性执法，铁腕治污，强力推进大气污染治理攻坚行动，实现嘉峪关市环境空气质量的明显好转。

一要抓住主要矛盾，大力开展重点污染源综合整治。大气污染防治的关键是找准污染源。就嘉峪关市而言，污染是局部的，主要集中在嘉北地区，污染源主要是工业污染、城市扬尘、烟气。工业污染防治方面，环保、工信和园区管委会要积极配合，加强对工业企业原料、固体废物堆场的监管，督促企业做好堆场扬尘污染防治和监管，规范贮存工业原料和固体废物。酒钢集团要加快实施污染治理项目，严控污染物排放，提升污染防治水平。园区管委会、国土局等部门要尽快清理嘉北工业园区企业闲置土地。在城市扬尘治理方面，建设、房管、园林和园区管委会要加大源头治理力度，做好施工工地扬尘污染防治的监管，对造成道路扬尘的车辆要依法严惩，采取切实可行的措施，把防治工作做到位、做到前面。环卫部门要加大道路清扫力度，增加洒水次数，减少道路扬尘。特别是针对嘉北园区未硬化道路扬尘污染严重的情况，园区管委会要采取铺设砂石、洒水等措施有效降尘。烟气污染治理方面，三区、建设、环卫部门要全方位管制街边烧烤、垃圾焚烧等行为；公安、环保部门要严格执行黄标车和老旧机动车强制报废制度，对尾气排放量大、污染物浓度高的车辆，在主城区内实施区域和时段限行，宣传提倡文明行车，减少机动车尾气污染。

二要加快产业结构调整，从根本上减少污染物排放。坚持把推进产业结构调整作为减排的治本之策，鼓励企业进行技术改造升级，加快淘汰落后产能，严格控制污染物排放。一方面，要把环境影响评价作为项目审批的前置条件，严把项目准入关，严格禁止审批建设污染项目；另一方面，要鼓励企业运用先进工艺技术进行改造，推行清洁生产，发展高新技术产业和循环经济，促进工业提质增效升级，着力优化经济结构，实现可持续发展。

三要强化环境监测，提升大气污染防治信息化水平。发改、建设、工信、环保、园区管委会等部门应逐步增设空气自动监测点位，加快建立企业信息数据库，实施精细化管理。推进环保信息公开工作，定期准确发布城市空气环境质量信息，对新建项目及时公示环评情况并征求公众意见，公开重点企业污染物排放状况、治理设施运行情况等环境信息，自觉接受社会监督。建立治污信息平台，实现大气污染的实时监控、举报、受理和处置。

（四）推动绿色发展，加快资源节约型、环境友好型社会建设。按照十八届五中全会的精神，支持绿色清洁生产，推进传统制造业绿色改造，推动建立绿色低碳循环发展产业体系，鼓励企业工艺技术装备更新改造。严格落实节能减排目标责任，进一步形成政府为引导、企业为主体、市场有效驱动、全社会共同参与的节能减排工作格局。抓好重点领域和重点工程节能减排，鼓励节水、节地、节材和资源综合利用。要坚持节约优先、多元发展、保护环境的方针，调整优化能源结构，着力构建安全、稳定、经济、清洁的现代能源产业体系。推动传统能源清洁高效利用，推进煤化工项目建设，有序开展煤制天然气、煤制液体燃料和煤基多联产研发示范。大力发展新能源和可再生能源，加强外送配套工程建设，提高就地加工转化水平，减少一次能源大规模长距离输送压力，提升光伏发电效率和效益。搞好用能管理，抓紧落实年度能源消耗强度、二氧化碳排放强度指标。

加快发展循环经济，推行企业循环式生产、产业循环式组合、园区循环式改造，减少单位产出物质消耗。加强生活垃圾分类回收和再生资源回收的衔接，推进生产系统和生活系统循环链接，推进城市餐厨废弃物资源化利用。发挥市场机制的作用。实施节能发电调度、能效标识、节能产品认证和节能产品政府采购制度。推广先进节能技术和产品，继续开展节能减排全民行动。根据全市光伏发电产业发展的实际，加大绿色电能的消纳吸收力度。实行最严格的水资源管理制度，以水定产、以水定城，建设节水型社会。以提高环境质量为核心，实行最严格的环境保护制度，形成政府、企业、公众共治的环境治理体系。推进交通运输低碳发展，实行公共交通优先，发展公共自行车系统，鼓励自行车等绿色出行。

（五）进一步深化生态文明体制改革。嘉峪关市推进生态品质提升，既要持续增加投入、着力改进生态品质的各类“硬件”，也要高度重视“软件”的配套，按照党的十八大和十八届三中、四中、五中全会的精神，坚持绿色发展理念，加大生态文明建设改革力度，着力推动生态品质建设可持续发展。

一是把制度建设作为推进生态文明建设的重中之重，着力破解制约生态文明建设的体制机制障碍，深化生态文明体制改革，建立系统完整的制度体系，把生态文明建设纳入法治化、制度化轨道。加快建立系统完整的生态文明制度体系，引导、规范和约束各类开发、利用、保护自然资源的行为，全面推动国土空间开发格局优化、加快技术创新和结构调整、促进资源节约循环高效利用、加大自然生态系统和环境保护，努力在重要领域和关键环节取得突破。

二是探索实行自然资源资产产权和有偿使用制度。对河流、森林、山岭、荒地等自然生态空间不动产进行摸底调查和确权登记，明确监管主体及相应权责。建立国土空间规划体系，编制国土空间利用规划和生态环境保护规划，落实用途管制。建立生态公益补偿制度，扩大生态补偿范围。推进资源补偿制度改革，建

▼东湖景区

立健全灵活反映市场供求关系、资源稀缺程度和环境损害成本的资源性产品价格形成机制，加大差别化资源价格和惩罚性资源价格实施力度。坚持谁污染环境、谁破坏生态谁付费原则，逐步扩大资源税征收范围。落实经营性用地招拍挂出让制度，执行工业用地出让最低价标准。建立节能量、碳排放权、排污权、水权的确权和交易制度，吸引社会资本投入生态环境保护，推进环境污染第三方治理。

三是严守生态保护红线。坚持主体功能区制度，划定生态保护红线区域，推进国家生态安全屏障综合试验区建设。完善造林绿化、湿地保护、水源涵养等专项规划，编制生态文明建设实施规划。推动生态红线区域分级分类管理，实行最严格的保护措施。探索编制自然资源资产负债表，建立生态环境损害责任终身追究制。推进国家循环经济示范区建设，加快循环经济产业链、骨干企业、示范园区建设，解决资源环境矛盾，实现可持续发展。完善生态环境保护管理体制。健全监管所有污染物排放的环境保护管理制度，推进环境监管和行政执法，探索形成环境监测、污染控制、行政处罚一体的环境监管模式。建立生态保护修复和污染防治区域联动机制，推进污染物排放许可制，实施污染物排放总量控制制度，加强排污企业标准化建设。加强空气环境污染防治工作，健全空气污染应急响应联动机制，推动大气污染区域联防联控。加强生态文明法制宣传教育，完善环境损害鉴定评估机制，对造成生态环境损害的责任者严格实行赔偿制度。

东湖风光

第四章　建设品质提升研究

城市建设品质是经济、社会、文化、历史、科技等多种因素综合作用的结果，在城市的发展历程中发挥着基础平台的重要作用。城市中各种物质体型硬件环境与精神文化、行为心理、意识特征等软件环境，共同构成了城市的品质，其中以城市建设为主的硬件设施建设水平是衡量城市建设品质的重要内容。

一、城市建设的基本要素

城市建设是以规划为依据，通过建设工程对城市人居环境进行改造，对城市系统内各物质设施进行完善的过程。[①] 城市建设的内容包括城市系统内各个物质设施的实物形态，主要通过一系列的建设举措，协调城市内部发展的不平衡，实现科学发展、人文发展。随着现代宜居、宜游城市发展理念的兴起，城市建设逐渐偏向自然生态环境等地理条件优越的区域和方向，城市建设正一步步向城市筑造的本意回归。衡量一座城市的建设品质主要有五个方面：城市的规划设计、城市的色彩布局、城市的主要建筑物、城市的基础设施和城市中的老建筑保护与再生等。

（一）规划设计的科学性。城市是人类社会、经济、政治、文化等活动的中心，一个城市应该以怎样的姿态示人，是一个城市规划者应该首先考虑的问题。一个具有高品质空间的城市应体现以人为本的设计理念，凝聚建筑师、规划师、

① 〔奥〕卡米诺・西特著，仲德崑译：《城市建设艺术—遵循艺术原则进行城市建设》，东南大学出版社，1990 年版。

工程师的集体智慧。城市规划主要包括城市建筑与环境、城市单体与群体、城市街道与地下设施、地上与空中、人流与车流以及近期、中长期和远期发展等各方面的关系。城市的设计应当贯穿于城市规划的全过程，要综合考虑功能与环境的共生关系。城市设计的目的不仅要体现景观艺术水平，同时也要提高生活质量、环境质量。城市建设是一个长期发展的过程，城市设计要有全局观念、承前启后，为城市的可持续发展提出具体的设计原则。城市建设需要从总体到局部甚至细部的设计规划，要在高度和体量上有要求，在风格上有特色，共同打造优美的城市整体形象，为城市的建筑品质打下基础、做好保障。

（二）色彩布局的协调性。色彩往往是先声夺人的。城市色彩是指城市或城市某个片断范围内所有裸露物体外部色彩的总和，是城市实体要素通过人的视觉所反映出来的相对综合的、整体的色彩面貌。① 城市是城市文化的符号化表现，而城市色彩是这种文化的独特语言。城市色彩在城市建设的过程中通过主要建筑、集群建筑集中展现，是城市的表情与性格。随着城市建设的逐步成熟，城市色彩应该具有较高的识别度，在众多城市群中，热烈奔放与低沉隽永并存、激情洋溢与绵软悠远共生的城市色彩往往让人印象深刻。

（三）城市建筑的代表性。建筑是一门艺术，城市建设的主要内容是城市的建筑物。高低错落、形态各异的建筑是城市的主角，典型的城市以自己特有的建筑物而著名，比如台北的101大厦、上海的金融大厦、北京的天安门等等。这些著名的建筑也被称为城市标志性建筑物，即人们通常所谓的“地标”。城市标志性建筑用最简单的形态和最少的笔画来唤起人们对于它的记忆，一看到它就可以联想到其所在城市，它就像是一个城市的名片，是城市最具代表性和最为独特的面部特征，是城市建设中最具个性化的组成部分。

（四）基础设施建设的完备性。城市基础设施是推进城市化进程必不可少的物质保证，是城市社会经济活动正常运行的标志。城市建设中的基础设施包括工程性基础设施和社会性基础设施两大类。其中，工程性基础设施主要指能源系统、给排水系统、交通系统、通信系统、防灾系统等。城市基础设施具有公用性和公益性，它决定了城市容量，是城市生活品质提升与文明程度的保障。从某种意义上讲，城市基础设施建设能力与水平决定着城市的长远发展。

---

① 晁明春：《我们的城市应该是什么色彩》，大众日报，2013-02-20。

（五）老建筑保护的传承性。城市是地方文化的载体，城市建设的一项重要内容就是加强对本地历史文化遗产与老建筑的保护。老建筑作为城市的独特组成部分，它虽破旧但存满时间和事件，是城市生动直观的博物馆。老建筑代表了城市特定场所特有的时代精神，是城市色彩与城市风貌的背景与基调，比具有浓重商业色彩的现代商务建筑更能引起人们的认同感，是城市的品牌与标签。城市应该为老建筑留下足够的位置，将承载历史的老建筑保留、再生，体现在城市建设的过程中，营造出真正高品质的城市空间。

▲ 戈壁明珠

二、嘉峪关市城市建设的提升策略

经过半个世纪的发展，嘉峪关的城市建设取得了令人瞩目的成就。结合之前城市建设实践，嘉峪关应当在“一带一路”、在甘肃省“率先实现全面小康、率先转型发展”的机遇面前，从硬件、软件设施上加强城市建设，进一步提升城市建设品质。

（一）城市建设定位应更高更远。一直以来，嘉峪关以现代化区域中心为城市建设的发展定位。随着“一带一路”国家战略的逐步实施，嘉峪关作为丝绸之路上的重要战略节点城市，应当把城市建设的目标定位放在新丝绸之路的大格局中来推进，以推动城市的转型发展。嘉峪关的城市建设经过多年发展，拥有向西开放的基础条件，应当把面向丝路沿线国家、面向世界作为城市建设与发展的方向目标，树立国际化理念，用国际视野、标准规划建设城市，聘请国际国内一流专家参与城市规划，提高城市规划建设水平，将嘉峪关打造成为向西开放的桥头堡城市。

（二）城市建设需南北协调推进。嘉峪关目前的总体格局是人口“北多南少”、住房“北紧南松”。由于嘉北是比较老的工业园区，人口大多集中在这里；新开发的南市区住房、基础设施正在配套阶段，人口稀少，活动场所比较宽裕，生态绿化等条件较好，但是安土重迁的观念使得人口依然聚集在北部，造成嘉峪关市南北发展不平衡。随着全市棚户区改造，城北老城区道路、管网等基础设施配套将进一步完善，加强南市区的商业配套，采取适当的鼓励、引导性政策，带动南市区经济文化发展，使南北市区整体协调发展。

（三）打造具有典型代表意义的现代标志性建筑。标志建筑是整个城市所有建筑的主角，它除了外形具有创新性外，在功能上应该具有超前性和包容性，同时体现地理区域优势，标志性建筑的本身还应该是出类拔萃、独树一帜的。目前，嘉峪关拥有气象塔、嘉峪关大剧院等地方标志性建筑，但能够代表嘉峪关特色的、形象更加鲜明夺目的标志性建筑还较为缺乏。在当前的快节奏发展与生活旋律之下，标志性建筑代表更多的是一种生活方式和一种新思潮的体验。一个区域或者一个城市的生活方式之所以能称之为标志，也绝不仅仅是因为建筑本身，更是环境、文化、教育氛围等各方面的合力，共同创造了一个地域的经典。嘉峪关应当在后期的城市建设规划中，注重考虑能够代表城市形象的地方性标志建筑的布局与建设。

（四）城市建设中应进一步加强老建筑与遗产遗址保护。随着经济社会的快速发展，城市容貌日新月异，崭新的建筑层出不穷，很多老建筑被拆迁改造，在一定程度上破坏了城市空间形态的相容性和延续性。现代化的高楼千篇一律，不能从本源上代表城市的真正面孔与性情，老建筑的保留、改造、再生是彰显城市个性的关键所在。城市中埋藏着前人的足迹，印刻着时代的记忆，只有将老建筑的改造、再生与城市意象的形成连接起来，城市才有特点，否则，城市将失去个性，失去自身的魅力，走向趋同。老建筑再生是用恰当的手法使老建筑再度得到新生命，重新焕发活力，满足当代人对其使用功能的要求以及心理和审美需求。[①]嘉峪关在今后的城市建设中，要对老建筑采取必要的保留、改造和再生，实现老建筑在现代化城市中的和谐共存，保留其作为历史文化载体与多样文化集合体的功能，增强其可读性，保护城市的文脉，重拾历史记忆，让老建筑从时空的维度和历史的厚度两方面提升城市综合品质。

作为世界文化遗产和嘉峪关的名片，嘉峪关关城的保护毋庸置疑。同时，要看到见证嘉峪关成长的其他建筑，例如，建市之前，酒泉钢铁集团公司建设初期

---

① 马庆峰、陈刚:《论老建筑再生与城市空间品质的塑造》《合肥工业大学学报(社会科学版)》，2008 年第 22 卷第 1 期。

的职工住房，即建林街平房等老建筑，也是嘉峪关城市的重要组成部分。在高强度的房地产开发和街道改造面前，这些具有历史记忆的老建筑应当被适度保存。土黄色的平房铭记着当年在这片戈壁上，开路先锋战天斗地的艰苦身影，诉说着冰天雪地里开矿建炉的故事以及当时生活居住条件的艰苦。这些老建筑代表了嘉峪关城市的成长过程，是这座城市的一部分，在城市建设发展中，应当予以考虑保留。

夕照雄关

雄关初雪

▲ 高炉之夜

▲ 嘉酒风电高载能特色铝合金节能技术改造工程生产线

三、嘉峪关市城市建设的着力重点

随着“一带一路”战略的深入推进，嘉峪关作为向西开放的前沿地带，丝绸之路经济带节点城市和现代化区域中心城市的地位将更加突出。在新的发展背景下，嘉峪关的城市建设应当站得更高、看得更远，秉承可持续、高品质的发展定位，着力加快城市建设。

（一）合理规划城市用地。城市用地功能组织的中心问题是城市用地功能区的合理划分。就嘉峪关而言，应当坚持相互协调、各得其所的原则，根据城市内部土地的特点进行协调和结合，把城市用地分为若干个各具不同职能作用的地域空间，把各个功能分区合理布置，实现城市的合理规划。具体来说，嘉峪关城市规划要形成“一心、两轴、五片”空间布局结构。一心：嘉峪关中心城区，作为市域发展的引擎，中心城区要起到带动全市市域发展的作用，就要加快打造支撑西陇海兰新经济带发展的区域性中心城市，推进嘉峪关城市功能的整体升级，并引领城市整体发展。两轴：依托道路、水系，构建城市综合发展轴，依托连霍高速、国道G312、酒嘉快速路、兰新路等，形成区域衔接的城市综合发展轴线。滨河发展轴：依托讨赖河，对接区域生态、景观开放型空间体系，打造滨河发展轴线。五片：强化世界文化遗产保护，培育区域公用设施发展基地，打造城乡统筹示范点，构建长城遗产保护发展片区、区域新能源发展片区、冶金制造业发展片区、新城城乡统筹发展片区、文殊城乡统筹发展片区共五大片区。长城遗产保护发展片区，主要结合嘉峪关世界文化遗产公园建设，进一步明确嘉峪关关城和西城保护，实现遗产保护和旅游开发的协调发展。区域新能源发展片区，主要依托光伏发电产业，在市域西南打造嘉峪关新能源开发与利用示范区。冶金制造业发展片区，主要在市域西北打造以有色金属、不锈钢深加工等冶金新材料为主体的区域产业发展基地。新城城乡统筹发展片区，主要是深入推进统筹综合配套改革试验方案，实现城乡一体化发展，在市域东北构建新城城乡统筹片区。文殊城乡统筹发展片区，主要是依托现状文殊镇，深入推进统筹综合配套改革试验方案，结合旅游、特色种植，在市域东南构建文殊城乡统筹片区。按照这个框架，应该把握好几个原则：

1.主次明确，各功能区组成一个有机的统一整体。嘉峪关是工业主导型城市，城市用地偏重于工业用地。工业生产容易产生废水、垃圾和工业废物，工业园区和城市居民生活区之间要有足够的防护用地，用来保护居住环境，防止工业企业对居住区的干扰和污染。在布置有烟尘、有害气体、污水、噪声、放射线的工业时，要有一定的安全和防护间距。嘉峪关的工业区大都分布在市区北部，受大陆性气候的影响，冬季的嘉峪关会受东北风的影响，将工业园区产生的有害气体扩散到城市居民居住区，应结合棚户区改造及南市区开发建设等措施，加快城北老城区建设。

2. 城乡结合，处理好市区与郊区的关系。嘉峪关市下辖三个区，分别是长城区、镜铁区和雄关区，这三个区下面又各自下辖新城镇、文殊镇和峪泉镇。近年来，嘉峪关倡导发展有机农业，这样既可以解决下岗职工的问题，也可以解决嘉峪关市区居民的日常生活所需。城市和乡村的优化结合、统一规划，可以避免城市总体规划与功能陷入孤立和局部的困境之中，加速城乡一体化的进程。

3. 留有余地，处理好各规划之间的关系。城市总体规划都是阶段性的，包括近期、中期和远期规划。为实现总体规划的连续性、顺序性，前一期建设应该为下一步建设创造有利条件，妥善处理各项规划阶段之间的关系。在城市功能组织中，要有一定的“弹性”，也就是对外界变化的适应能力。由于经济发展速度的调整、科学技术的新发展、政策措施的修正和变更及其他一些可能出现的变化因素，要求城市在规划过程中要有应变能力和相应的措施。外部环境是随时变化的，城市内部在把握机会的同时，不能忽视这种弹性，要使各个规划阶段之间协同发展。嘉峪关的发展，既要有短期的战略目标，也要进行长期规划，不能取之无度。城市中某些功能用地，近期难以大规模开发利用，要加强控制管理，等到时机成熟再进行开发建设。

（二）拓展城市发展空间。城市发展空间是城市建设的前提，也是城市品质的关键要素。在具体范畴中，城市发展空间既包括横向的城市占地范围，也包括纵向的城市内部布局优化。当前，嘉峪关的发展空间受国家土地规划红线的限制，在地理范畴上难以突破，因此，城市发展空间主要应在现有区域上进行内部优化。

1. 注重整体协调发展。按照城市功能布局，嘉峪关北市区应注重基础设施改造，发展现代商贸服务；南市区应加快文化旅游、会展经济发展，使城市服务功能更加完善。随着方特欢乐世界开园和市酒钢三中新校区整体搬迁，南市区已经逐步成为嘉峪关对外开放、招商引资、吸引人才的重要窗口。此外，现有的公共服务配套设施难以满足南市区发展的需要，应当加快土地平整和生态绿化，进一步完善基础设施网络体系、各类商业综合体和文体教育等公共服务配套设施，引进商业业态和新业态项目，大力发展休闲消费产业，形成差异化发展和完备的功能区，把南市区建设成为宜居宜游的城市新区。

2. 注重拓展城市人文空间。城市的公共活动中心、艺术交流场所等是城市人文空间的典型代表，它们为居民进行政治、经济、文化等活动提供重要场所，是居民进行社会活动最频繁的地方。目前，嘉峪关城市人文空间既有为全市居民服务的市一级活动中心，也有为各区服务的区一级服务中心，还有为居住小区服务的小区中心。嘉峪关市一级活动中心有东湖公园、南湖公园和迎宾湖公园三个，可供全市的居民进行晨练、健身和休闲娱乐。在不同小区内，相关的体育设施和公共场所，可供居民进行锻炼和休闲。嘉峪关城市建设要实现城市活动的多样化，就要在现有基础上，增添更多能够增强居民体质和提高人们娱乐活动水平的公共

雄关广场

服务设施。

3. 建设历史性文化广场。历史性文化广场就是具有一定历史、并且在不断发展过程中被修缮和重新赋予意义的文化广场。城市化建筑广场具有鲜明的时代性，尤其是打上了政治、经济、文化和环境的烙印。嘉峪关雄关广场就是具有历史和现实意义的一个文化广场，在节假日，嘉峪关城市居民集中到雄关广场，欣赏由民间艺术团体为大家带来的精彩节目，成了居民娱乐休闲的主要场所。嘉峪关市在发展的过程中，应该形成具有时代特色的城市文化广场，为嘉峪关市民提供良好的休闲场所，这也是城市建筑艺术的体现。

（三）加快智慧城市建设。智慧城市是利用现代信息和通信技术，对城市运行状况进行感测、分析，从而对环保、生态、民生、安全和生产在内的各种需求做出智能响应。随着城市化的不断发展，城市未来将承载越来越多的人口，城市建设与管理需要智能化、信息化手段。伴随互联网、移动技术的不断发展，知识社会环境下的智慧城市是继数字城市之后信息化城市发展的高级形态。嘉峪关创建和实现智慧城市，既要引进先进技术，也要实现人的参与，通过综合手段来达到这一目标。

1. 加快硬件设施的投入。嘉峪关建设智慧城市，要建立配套的基础设施，包括交通、文化、医疗和社会保险等一系列的内容。比如，要发展智慧旅游，充分借助智慧城市建设的平台，将嘉峪关的文化同时代要求结合起来，让嘉峪关所拥有的文化财富向全国乃至全世界传播。

2. 建设覆盖全市的网络通信系统。社会的发展，离不开技术的进步；技术的进步，又促使社会向更高水平发展。嘉峪关建设智慧城市，应当规划设置通信管线综合管沟，以解决电信单位各自为阵、重复建设的问题，减少道路的开挖对交通和百姓生活的影响。对于直埋敷设段，应当规划预留国防、移动、联通等地下光缆通信管道。通信管线综合规划应依据各专项管道规划，统筹考虑各项通信事业的发展，主要是近、中期的规划，既考虑长期发展的一定余地，同时也考虑满足各网络公司业务发展和竞争经营体制需要的规划、建设、运行维护和管理，为电力、公安、交通监控等其他专网需要留有备用余地。

第五章 民生品质提升研究

城市的发展离不开人民群众，城市发展的核心也是为了让城市中每个人都能生活得更幸福，提升民生品质是城市品质建设的现实诉求。近年来，随着人们物质生活水平的逐步提高和精神生活内容的不断丰富，人们越来越重视更高质量的生活。这就要求必须把城市民生品质的提升放在重要位置，在规划、建设、管理等方方面面多考虑老百姓的实际需求，让市民尽享城市发展成果。

一、民生与民生品质

民生，是指民众生存发展的基本需要和根本权益。只有以民生为重，让百姓安居乐业，过上幸福生活，才能实现社会安定、国家富强。“天下顺治在民富，天下和静在民乐”，民生既是发展的目的，也是发展的重点。党的十八大以来，我国民生建设翻开了新的篇章，保障和改善民生成为加快转变经济发展方式的根本出发点和落脚点。[1] 党和政府坚持从人民群众最直接的医疗、教育、户籍、社会保障等问题入手，加大民生改善，着力攻坚克难，为“学有所教、劳有所得、病有所医、老有所养、住有所居”等民生问题做了生动注脚。

近年来，嘉峪关市每年用于民生领域的投入都占到财政支出的70%以上，实施了一系列惠民工程，群众生活面貌、收入水平、社会保障等得到了显著改善。但随着经济社会的快速发展，人们追求更高质量生活的愿望愈加强烈，民生需求已经从解决基本的“温饱”转向“更好的生活”，从求“生存”的逻辑转向求“发

①《中国共产党第十七届中央委员会第五次全体会议公报》。

展”的逻辑，正面临由表及里、由量到质的深度转变。

二、民生品质提升的基本原则

提升城市民生品质，必须把促进人的全面发展作为城市工作的出发点和落脚点，切实解决好人民群众最关心、最直接、最现实的利益问题，让改革发展成果惠及广大群众。

（一）坚持统筹兼顾。民生品质的提升是一项复杂的系统性工程，在实际工作中，要统筹兼顾发展经济与改善民生的关系，切实以经济建设带动民生的改善。保障和改善民生的前提是物质基础支撑，只有实现经济又好又快发展，才能为保障和改善民生提供坚实的物质基础。改革开放后尤其是新世纪以来，嘉峪关市全面推进各项社会事业，仅从居民收入水平来看，仅2014年，全市城镇居民人均可支配收入26894元，是2000年的3.98倍；农村居民人均纯收入为13809元左右，是2000年的4.3倍。城乡居民收入水平持续提高，生活水平得到大幅改善，其根本在于经济发展水平和生产力得到了极大提高。当然，在做大“蛋糕”的同时，还要把“蛋糕”分好。如果经济指标上去了，人民群众的生活质量却下降了，经济发展也就失去了意义。所以，要正确处理好稳增长和惠民生之间的关系，实现经济发展和民生改善良性循环，使经济增长和民生改善协调推进、相得益彰。

（二）坚持公平正义。公平正义是社会主义的本质要求，促进公平正义、让所有群众过上更加美好的生活，是城市建设的出发点和落脚点。党的十八大报告强调，要逐步建立以权利公平、机会公平、规则公平为主要内容的社会公平保障体系。从嘉峪关市近年来民生建设的情况看，嘉峪关十分重视维护公平正义。在加强和创新社会管理过程中，嘉峪关按照公共服务均等化、社会保障同城化的要求，实施入学就业、医疗保险、社会救助等八个方面的配套措施，为群众提供了更加公平、更加均衡的基本公共服务。特别是在解决城市和农村弱势群体实际困难方面，2011年，全市改造农村贫困户、残困户危房330户；2012年，对全市残疾人参加基本养老、医疗、工伤、失业、生育保险给予补助，受益2695人次；2013年，实现了60岁以上老人免费乘坐公交车，惠及3.1万老人，开展了居家养老日间护理上门服务，免费接送就医和上门医疗服务达到1100人次；2014年，实行全市所有残疾人免费乘坐公交车，为重度残疾人发放护理补贴，对200户重度残疾人家庭进行无障碍设施改造；完善居家养老服务平台建设，实现居家老人上门医疗服务城乡全覆盖；2015年，又完成了200户重度残疾人家庭无障碍设施改造工程，为重度残疾儿童提供康复治疗服务，为重度残疾人发放护理补贴，这一系列的惠民利民举措，充分保证了人人享有平等参与、平等发展的权利。

随着经济社会的发展，人们的权利意识逐步提升，对社会公平正义的要求不断提高。在处理好效率和公平的关系这一重大课题面前，习近平总书记强调，全面深化改革必须要着眼创造更加公平正义的社会环境，不断克服各种有违公平正义的问题，使改革发展成果更多更公平惠及全体人民。嘉峪关要坚持以公平正义推动社会建设，扩大横向、纵向双向流动，真正让权利公平、机会公平、规则公平的大门向所有人敞开，为广大群众创造更多的发展机会。

（三）坚持公众参与。人民群众不仅是民生工程的受益者，也是民生工程的建设者与监督者。近年来，嘉峪关市在大力加强城市建设、迅速拓展城市空间的同时，从解决老百姓最直接、最现实的问题入手，每年有计划、有步骤地实施民生重点工程，让发展成果惠及市民群众，很大程度上提升了群众的幸福感和归属感。嘉峪关市委、市政府始终把握群众的利益导向，十分重视关注民情、体现民意、改善民生，深入了解群众的所思所想所需所盼，将民生实事办到了群众的“心坎”上。今后，要进一步提升城市建设的公众参与度，在制度性的渠道之外建立起建言献策、表达不同利益诉求的机制，把不同的公众意见纳入到合法有序的表达渠道中来，使政府决策更好地参考和平衡各方面的利益。注重发挥人民主体作用和群众首创精神，同时采取协商、对话方式推进基层协商民主发展，推进共建共享，最大限度激发基层群众的参与热情，凝聚起广泛持久的群众力量，实现城市民生品质的进一步提升。

（四）坚持循序渐进。民生问题是一个动态发展的过程，实现高品质的民生目标需要不断建设这一过程，不能一蹴而就，也不能一劳永逸。在经济社会转型发展的时代背景下，民生问题的发展性更加突出，从本市民生保障和改善的现状、水平和历史沿革出发，循序渐进，既不超越阶段，也不落后实际，使民生的保障与改善始终与生产发展水平同步，使需求与供给相匹配，才会使保障与改善民生的工作具有持久耐力。特别是在经济下行压力下，守住底线、突出重点才是改善民生的务实之举；量力而行、稳步推进应该成为社会共识。总的来说，一方面应该尽可能加强民生建设，将增进人民福祉放在极为重要的位置，尤其要保障基本公共服务的均等化，均衡配置公共资源，让群众能够享受到应有的利益；另一方面要立足经济发展的阶段性特征，着眼长远，切实做好民生规划，让人民对未来充满希望。

三、嘉峪关市民生品质的提升策略

保障和改善民生是促进城市品质提升的有力抓手。实现好、维护好、发展好最广大人民群众根本利益，必须时刻把人民群众的利益问题记挂在心上，倾听群众呼声、回应群众期待，真正把涉及群众的事情办好办实在。

（一）进一步办好人民满意的教育。教育是民生之基，坚持教育优先发展，以教育公平为主导，以素质教育为主题，不断提升教育科学化管理水平。

1. 坚持教育创新发展。教育是一项基础性、长期性的工作，教育事业是不断发展、不断创新的事业。改革创新既是教育发展的不竭动力，更是教育发展的永恒主题。习近平总书记在 2014 年国际工程科技大会上的主旨演讲中强调："实现梦想、应对挑战、创造未来，动力只能从发展中来、从改革中来、从创新中来"，为教育改革发展指明了方向，也提出了更高的要求。教育的发展在于改革，教育的改革在于创新，教育的创新在于学习。在统筹推进教育综合改革的时代命题面前，嘉峪关市教育适应新形势、新任务的要求，必须坚持全局和局部配套、治标和治本结合、渐进和突破互为促进，进一步优化改革整体布局，系统推进改革。要通过不断破解制约教育发展的体制机制障碍，深入推动课程改革、教育质量评价改革、职业教育人才培养模式改革、学区制改革、宏观管理模式改革、与高考改革衔接的学生综合素质评价改革和人才培养模式改革，实现教育发展观念、教育发展模式、教育资源建设、课程设置导向、教育管理方式等创新，提升教育服务经济社会和人的全面发展能力，让人民群众实实在在分享教育改革的成果。

2. 推动教育内涵发展。内涵式发展，是教育发展的永恒话题，是教育发展的核心和目标。党的十八届五中全会提出了以提高质量为核心的教育发展观，更加注重教育的内涵发展。从本质上来讲，教育不仅仅是对知识的传授，更应为生命奠基，成全每一个生命的灿烂，丰富每一位学生的精神家园。教育内涵发展，质量和效益是最基本的要素。应当说，嘉峪关市近年来在加快推进教育优质均衡发展的同时，兼顾办学质量的提升工作，各校在课堂教学、教师队伍、校园文化等方面获得了长足发展。全市小学入学率、巩固率、毕业率均达到 100%；初中毕业率 100%，巩固率 99%，升学率保持在 92% 以上；普通高考录取率连续多年保持

▲嘉峪关市酒钢三中教学区

65%以上，本科录取率保持46%以上，均高出全省平均水平20多个百分点，高考升学率多年在全省名列前茅，向全市人民交出了一份满意的答卷，也为教育内涵式发展、绿色化发展奠定了坚实的基础。但是，我们也要看到，学校教育中也还存在重视智育而轻视德育、体育、美育，重视考试科目学习而轻视非考试科目学习，重视文化知识传授和应试技巧培养而轻视综合能力和创新精神培养，重视少数重点学生而忽视大多数学生的发展等情况，学生课业负担依然过重、体质健康状况不容乐观，一定程度上影响到了学生个性发展和多样化发展。

推动素质教育、实现教育内涵式发展，是一项深刻的、全局的、复杂的、艰辛的工程，不可能“毕其功于一役”。它牵涉到教育理念的变革、体制和制度的变革、资金的投入、学校与社会各方面关系的调整、社会文化心理的转变以及教

▲嘉峪关市酒钢三中

育教学方法的“扬弃”。因此，必须坚持按照人的成长规律育人，按照教育自身发展规律办学，按照市情实际办学，建构良好的教育生态系统，推行“高效课堂”教学改革，建立精致教育评价机制，实现教育由粗放型向集约型转型，课程改革由无型向有型转变，评价由单一向多元转化，进一步提升教育内涵式发展水平。

3. 突出教育品牌发展。教育需要品牌，教育事业的发展需要品牌的拉动，21世纪的教育需要走“品牌”发展之路，这已成为社会共识。经过多年的发展，嘉峪关市已形成学前教育、高中教育、特色教育的品牌，吸引了周边地区优秀学生就读，带动了相关产业的快速发展，促进了生产要素流动，也提升了城市知名度和影响力，但也还存在对教育品牌的认识不深入、仍停留在借鉴阶段，对教育品牌策划期望目标不清晰、实施思路相对泛化等问题。比如，有的学校缺乏明确独特的定位和发展规划，品牌的文化和价值要素没有得到充分挖掘，民办教育参差不齐，职业教育实力较弱。当前，周边各地都在促进教育事业快速发展上想办法、出实招，在这种不进是退、慢进也是退的严峻形势下，嘉峪关的教育更加需要以先进理念为指导，认清自身特点和优势，把办好品牌教育作为聚集人才、增强城市辐射力的重要途径，突出办学特色，创新教育模式，创新推进名校、名师、名生工程，建成资源丰富、品质优异、公平和谐、充满活力的现代教育体系，为建设区域文化教育中心，建成学习型城市和民生幸福的高品质城市提供人才贡献、智力服务和品牌支撑。

（二）进一步提高群众健康水平。医疗是民生之需。有报告显示，目前我国正进入医疗需求的爆发期，主要有三方面的原因：一是我国进入了人口老龄化阶段，二是环境污染等因素导致大病、慢性病的发病率增加，三是民众对医疗的主动需求随着人均GDP的提升有所增加。[①] 嘉峪关自2009年全国新一轮医改启动以来，总体成效初步显现，全市居民健康状况指标持续改善，城乡居民健康差距不断缩小，群众看病难、看病贵现象大大缓解，但与满足人民群众的健康需求相比仍然存在差距。其中，既有群众看病时对就医要求提高方面的原因，也有医疗卫生资源布局、医疗机构监管等方面的因素。因此，必须加强城乡卫生服务体系建设，大力推进深化改革和改善服务，进一步优化服务、完善机制，细化流程、提升质量，保障安全、促进沟通，努力做到让人民群众便捷就医、安全就医、有效就医。

---

①《浅谈全球医疗资源现状》http://bbs.pinggu.org/thread-2645239-1-1.html。

1. 扩大优质卫生资源覆盖面。医疗卫生资源是为社会提供卫生服务的基础，是开展卫生服务活动的基本条件。经过长期发展，嘉峪关已经建立起了由医院、公共卫生机构、基层医疗卫生机构等组成的覆盖城乡的卫生服务体系，医疗卫生服务资源逐渐增多，服务网络越来越规范，全面性、覆盖性越来越强。截至2014年末，嘉峪关市共有卫生机构128个，其中医院8个，卫生院3个，社区卫生服务中心（站）25个，妇幼保健院（所、站）1个，疾病预防控制中心（防疫站）1个，卫生监督机构1个。医院、卫生院拥有床位1759张，卫生技术人员2489人。如何让现有资源发挥出最大效益，解决老百姓的医疗需求，是一项关系百姓健康、社会稳定的重要工作。为此，嘉峪关要加强市属医院和社会民办医院的建设，支持村卫生室、乡镇卫生院和社区卫生服务机构标准化建设，注重医疗资源的合理配置，强化功能布局与分工协作，推动由基层医疗卫生机构逐步承担首诊、康复和护理等服务，更好地发挥医疗卫生服务体系的整体效率。

2. 实现公共卫生服务均等化。基本公共卫生服务涉及全社会的卫生安全，其基本内容包括卫生检验检疫、计划免疫、传染病控制、妇幼保健、职业卫生、安全饮用水的可获得性、老年人保健、环境卫生和健康教育等。基本公共卫生服务具有公共程度高、外部性强等特征，属于纯公共品范畴。提升基本公共卫生服务供给水平和均等化水平，最终目的是以促进居民健康改善为中心，建立起有利于预防为主、防治结合、成本效果好的基本公共卫生服务体系，使城乡居民不得病、少得病、晚得病、不得大病。就嘉峪关而言，实现基本公共卫生服务均等化，需要进一步加强专业公共卫生机构建设，重点加强比较薄弱的精神卫生、妇幼卫生、卫生监督等专业公共卫生机构建设，明确并落实各级各类公共卫生服务机构的职责和任务，不断提高公共卫生服务经费标准，制定公共卫生服务标准、工作流程和考核办法，开展面向人群的主动服务。

实施国家基本公共卫生服务项目，为城乡居民免费提供基本公共卫生服务，是促进基本公共卫生服务逐步均等化的重要内容，也是公共卫生领域一项长期的、基础性的工作。针对当前嘉峪关城乡居民存在的主要健康问题，应当以儿童、孕产妇、老年人、慢性疾病患者为重点人群，提供生长发育评估、体格检查、辅助检查、健康指导等服务内容，进一步加强重点疾病患病人群管理，免费提供健康检查、病情评估、用药指导等健康服务，进一步完善居民个人健康档案、强化基层医疗卫生机构服务功能，大力促进公共卫生服务均等化。

3. 提高群众基本医疗满意度。随着医疗服务体系的完善和基本医疗保障制度的健全，近年来嘉峪关市医疗机构提供的医疗服务量呈现快速增长态势。在诊疗量高速增长的情况下，人民群众希望获得更加安全、有效、方便、价廉的医疗服务。

根据有关部门对医疗服务领域群众感受最强烈问题的梳理和研究，群众感受最强烈的问题主要集中在就诊环境、医院标识、服务态度、服务流程、隐私保护、信息透明、急诊服务、纠纷投诉等领域。围绕群众看病就医反映比较突出的医疗服务问题，嘉峪关市卫计部门和医疗机构坚持“以病人为中心”，开展了一系列改善医疗服务的工作。比如，对医疗机构提出了温馨环境、志愿服务、隐私保护、医患沟通、心理疏导等方面的要求，从设施配备、标识设置、检查时限、安全防护、优质护理、健康指导等方面全面优化医疗服务。

国家卫计委于2015年实施了“进一步改善医疗服务行动计划”，通过加强医疗管理，改善服务流程，创新方便群众就医的措施，让人民群众切实感受到医改成效，改善人民群众看病就医感受。群众满意度是检验医疗卫生工作的“试金石”，更是反映服务效果的“晴雨表”。嘉峪关卫生计生部门和医疗机构，要进一步强化医疗信息服务，大力推进基于互联网的医疗信息系统建设；切实保障医疗安全，有效防范技术性事故的发生；注重医学人文关怀，体现良好医德医风，构建和谐医患关系，着力通过改善环境、优化流程、提升质量、保障安全、促进沟通、建立机制、科技支撑等措施，实现群众便捷就医、安全就医、有效就医、明白就医，不断提高群众对医疗服务的满意度。

（三）进一步实现更高质量的就业。就业是民生之本。解决好就业问题，是经济平稳发展、改革顺利推进、社会和谐稳定的重要基础。只有稳定就业，各尽所能、各得其所，人们才会对生活充满希望，社会才能和谐稳定。要坚持“劳动者自主择业、市场调节就业、政府促进就业”的方针，借助全市工业转型升级，产业结构调整的机会，拓展就业渠道，扩大就业规模，进一步完善公共就业服务体系，为群众提供成长的机会、发展的舞台。

1. 促进就业稳定增长。没有稳定的就业，发展必然不可持续；没有高质量的就业，百姓难有幸福生活。党的十八大报告明确提出，要实施就业优先战略和更加积极的就业政策，推动实现更高质量的就业，并把实现更加充分就业作为全面建成小康社会的重要目标。当前，世界经济增长乏力，经济发展进入新常态，处于新旧动能转换阶段，但从总体来看，就业局势比较稳定，这除了与目前经济总量越来越大，能带动更大就业外，也与服务业增长较快，整个经济由工业主导向服务业主导转变的趋势更加明确等因素密切相关。2015 年上半年，国家出台《关于进一步做好新形势下就业创业工作的意见》，强调把稳定和扩大就业作为经济运行合理区间的下限，将城镇新增就业、调查失业率作为宏观调控重要指标，纳入国民经济和社会发展规划及年度计划。面对新的形势任务，嘉峪关做好就业增长这一长久课题，需要结合经济和社会发展实际，发挥政府投资和重大项目建设对就业的带动作用，加大对就业岗位的开发力度，找准就业增长点，利用劳务企业和劳动密集型企业，实施就业激励政策，促进就业再就业。要深入实施就业促进计划和就业援助工作，不断开发社区公益性就业岗位，就地就近安排零就业家庭人员就业，确保零就业家庭动态消零，真正让群众就业有门、创业有路、生活有来源、致富有奔头。

2. 推动创业带动就业。全民创业是一个地区持久发展的内生动力。党的十八大以来，国家把鼓励创业摆在了十分重要的位置加以推进。党的十八届三中全会提出，要完善扶持创业的优惠政策，形成政府激励创业、社会支持创业、劳动者勇于创业的新机制。党的十八届五中全会进一步提出，要培育发展新动力，优化劳动力、资本、土地、技术、管理等要素配置，激发创新创业活力，推动大众创业、万众创新，释放新需求，创造新供给，推动新技术、新产业、新业态蓬勃发展。2015 年以来，国家先后出台《关于进一步做好新形势下就业创业工作的意见》《关于支持农民工等人员返乡创业的意见》《关于加快构建大众创业万众创新支撑平台的指导意见》等一系列鼓励“大众创业、万众创新”的配套文件，从税费减免、小额信贷、资金补贴、场地安排等方面，明确了对高校毕业生、复转军人、城镇困难人员、返乡农民工自主创业的扶持政策，创业带动就业正在成为促进就业的新路径。在经济面临下行压力的情况下，“双创”为稳增长、防风险、扩就业做出了重要贡献。尤为难得的是，各种新兴技术尤其是“互联网 +”的快速发展，已经让普通人有了更多的创新创业机会。近年来，宽带网络速度大幅提升、移动通信终端广泛普及、生产管理的自动化程度不断提高，让有梦想、有意愿、有能力的人有了广阔的平台施展拳脚。大众创业、万众创新的理念正日益深入人心，创业创新已经成为时代潮流。为此，嘉峪关按照“坚持市场主导、包容创业创新、公平有序发展、优化治理方式、深化开放合作”的基本原则，着力强化创新创业支撑、激发创新创业活力、释放创新创业潜能、营造创新创业生态，营造

美丽家园

众创、众包、众扶、众筹“四众”发展的良好环境，推动各类要素资源集聚、开放、共享，提高资源配置效率。要进一步健全管理制度，创新行业监管方式，加快信用体系建设，创新金融服务模式，繁荣创业创新文化，在更大范围、更高层次、更深程度上推进大众创业、万众创新。

3. 优化公共就业服务。公共就业服务是整个人力资源市场运行机制的重要组成部分，它在缓解社会压力、落实就业政策、统筹城乡劳动者就业再就业、合理配置各类人力资源流动等方面都发挥着极其重要的作用。公共就业服务事关经济发展，也涉及最基本的民生问题，与人民群众最关心、最直接、最现实的切身利益密切相关，基础性地位非常明显。嘉峪关积极推进公共服务场所设施设备标准化、人员队伍专业化、管理服务规范化，建立标准化、精细化和科学化的公共就业服务流程。进一步整合网络资源，优化公共就业服务信息平台，不断提升公共就业服务智能化水平。以公共就业服务常态化、精细化、普惠化为抓手，积极落实各项优惠政策，多渠道开发公益性工作岗位，切实满足群众多样化的就业需求。

（四）进一步推动住房条件改善。住房问题既是民生问题也是发展问题。嘉峪关在民生建设过程中应当更加注重完善住房保障体系，加快廉租房制度建设，使各项住房优惠政策真正落实到低收入家庭，努力满足广大人民群众的住房需求。

1. 推进保障性安居工程建设。加快保障性安居工程建设，是党和政府对人民群众的庄严承诺。在市场经济条件下，过高的房价使一部分低收入家庭无力通过市场解决住房问题，他们的住房条件往往较差，且存在一定的安全隐患。为使这部分家庭能够享受改革开放成果，改善其居住条件，政府在加强房地产市场调控、抑制房价过快上涨的同时，通过实施以保障性住房建设、棚户区改造、农村危房改造和游牧民定居工程为主要内容的保障性安居工程，[①] 保障了这部分家庭居住需要，有效降低和缓解了住房市场的刚性需求，维护了社会和谐稳定。

棚户区改造工作是一项与改善群众居住条件、完善基础配套设施、提升城市竞争力的重要工程。把棚户区改造工作与经营城市、推动发展有机结合起来，在改善居住条件的同时提升区域的商业价值，实现城市的和谐发展和可持续发展。加强改造、建设和安置分配住房过程的公开透明，维护棚户区群众的知情权和参与权，确保分配结果群众满意。统筹全市保障性住房结构与布局，通过完善相关政策和操作规程，将符合一定条件的公共租赁住房项目适度调整为安居型商品房

① 其中保障性住房建设，包括廉租住房、经济适用住房、公共租赁住房、限价商品住房；棚户区改造，包括城市棚户区、国有公矿棚户区、林区棚户区、垦区棚户区和煤矿棚户区。

项目。

2. 营造和谐舒适的居住环境。当前，群众对住宅综合性能的要求越来越高，既要求舒心安适，又要求安全可靠，既要有良好的经济性，又要有高品质的宜居性。从构成“中国居住小康指数”五个不同方面的指数水平来看，其中居住面积指数为 79.6 分，住宅建筑质量指数为 74.8 分，住宅配套及环境指数为 72.4 分，社区关系指数为 88 分，物业服务指数为 62.8 分。尽管如此，我们依旧可以看出，在目前的居住条件中，群众感到最不满意的是居住周边环境和物业服务。嘉峪关要实现让群众住有宜居，就必须加快推进新建住房周边配套设施建设，尤其是保障性住房集中片区周边配套设施建设，实现保障性住房项目与基础设施同步规划、同步建设。要加快推进旧街区改造，增加树木绿化带，开展技防监控、消防安全、停车交通提升工程，让居民群众更公平地享有城市建设成果；加强对全市小区和周边环境的综合整治，以负面清单方式，界定居民区个体经营范围，对影响居民正常生活和居住的经营项目指定经营地段，引导其避开居民区集中经营。要进一步提升物业企业管理水平和服务质量，推动物业管理工作向标准化、规范化和市场化发展。

3. 提升住宅现代化水平。机械化程度低、资源的占用和消耗大、生产方式粗放是目前住宅建设领域的普遍状况。推进住宅建设现代化，是生产方式升级换代的必然要求。未来的城市住房建设，应当以新技术、新材料、新工艺、新设备为主，大幅提高住宅建设、管理的劳动生产率和住宅的整体质量水平。其核心理念是建筑业绿色发展，突出特征是广泛运用信息技术和现代化管理模式，根本目的是提高住宅生产的劳动生产率，提高住宅的整体质量，降低成本和物耗、能耗。在经济发展方式加快转变、产业结构深刻调整的大背景下，随着保障性住房建设的大幅推进，住宅产业现代化迎来了新的机遇。就嘉峪关而言，要强化宣传引导，进行节能建筑试点推广，向社会公众普及绿色建筑的知识，培育市场需求。在住房建设中进一步优化设计，推进设计标准化，坚持实用、经济、美观的基本设计原则，合理选择最适宜的技术、材料和设备，全面提升建筑品质、居住感受。要加强科技创新和人才培养，重视绿色建筑基础设施建设，着力开发和应用成套适用技术，鼓励和培育绿色建筑产业发展。

第六章　治理品质提升研究

城市治理作为城市品质的重要方面，在经济社会发展中具有基础性作用。加强和创新城市治理，有利于增强城市的综合竞争力，有利于促进城市的可持续发展，更有利于提升市民的幸福感和获得感。

一、城市治理的科学内涵

城市管理包含经济发展、文化事业、治安管理、司法公正等诸多内容，随着城市管理事务的大量增加,城市管理的思路也应当随着治理内容的扩大做相应调整。

（一）城市治理概念的提出。传统公共管理的垄断性、排他性和强制性特征比较突出，“治理”关注政府与社会组织、民间组织的互动、配合、协作，能最大限度地调动和实现各方共同利益，确保公共管理结构稳定有序。当治理理论被引入到城市管理领域的时候，就产生了城市治理的概念。瑞士政治学家皮埃尔认为，城市治理是城市政府与非政府部门之间相互合作推动城市发展的过程。从西方国家的城市治理实践来看，城市治理的多元主体、民主协商等理念已经得到社会的广泛认同。随着我国经济社会的发展，传统的城市管理模式已无法满足日益增长的多元利益需求，城市治理理念和模式亟需得到进一步转变。

1. 城市治理是经济社会发展的客观要求。随着新型城镇化的快速推进，城市面临的公共事务急剧增加，并显露出系统性、动态性、复杂性和不确定性特点。城市运行需要多方面社会力量参与推动，这就要建立以公共产品和公共服务有效供给为目标的综合治理模式。

2. 城市治理是破解管理困境的现实要求。受计划经济体制的影响，现行城市管理基本特征为政府集权、部门切割，职能职责划分不尽科学，垂直管理与属地管理的矛盾交叉，城市建设和管理中推诿扯皮、争利等现象长期存在，责、权、利不匹配，管理责任与权力行使错位。纠正和解决这些问题，需要践行治理理念，明确政府与社会边界。

3. 城市治理是社会力量崛起的迫切需要。市场经济发展起来后，新的社会角色和社会组织大量涌现，社会成员的自主性大大增强。社会力量以自治性为基本要素，在解决城市经济社会发展面临的问题时，发挥着政府机构不可替代的作用，这些组织不仅促进了社会整合和群体间的认同，还加强了国家与社会的沟通，使人们对重要事项易于达成共识。

（二）城市治理的基本特点。城市治理以多元主体共同参与为核心，以发挥社会各方参与为支撑，在许多方面与城市管理都有很大差异。具体来讲，城市治理有以下几个特点：

1. 理念的现代性。相对于城市管理的垄断性、强制性、排他性而言，城市治理贯穿着一系列新思想、新理念，包括人本、民主、法治、高效、和谐等重要原则，它们共同构成了有机联系、相互影响的现代城市治理理念体系。

2. 主体的广泛性。在城市治理中，政府承担着重要职能和责任，但不再是公共事务管理的唯一主体。政府之外的企业、公民和社会组织等也是公共治理的主体。它们在各领域中发挥着特殊优势和作用，以达到治理品质的正当化和治理效率的最优化，推动和谐共生的多元治理模式的形成。

3. 权利的民主性。政府不再垄断公共权力，而是由各主体共享，每个治理主体在法律允许范围内拥有平等的参与权和决策权，拥有凭借自身意志做出决定的自由。只有注重发挥不同组织正面的、积极的功能，才能增强城市治理的实效性和公共服务的优质供给。

4. 效果的长效性。城市治理提供的多样化、宽范围的利益表达，推动政府决策充分吸纳基层群众的意见建议，有利于决策的科学化、民主化，决策的执行过程会更顺畅、更便利，治理效果也会更稳定、更长效。

（三）城市治理的基本元素。城市治理是一项难度较大、综合性强、牵涉面广的系统工程，要推动城市治理取得良好成效，要求各组成元素间相互支持、相互协作，发挥出整体效应。城市治理的组成元素主要有：

1. 多元主体参与为中心。城市治理需要把政府职能和社会各种力量结合成一个密切联系、相互监督、共同合作的公共服务体系，该体系包括政府机关、街道社区和社会组织、企事业单位、市民个人，各类主体在不同的城市治理领域以不同方式发挥着各自所长。

2. 体制机制建设为支撑。城市治理的新理念不能仅仅停留在理论层面，需要在实际运作中以体制、制度为支撑，进一步构建其现实路径。实现城市治理的制度保障，主要包括信息公开、公众参与、社会监督、政府购买服务、法治化为主的管理等制度。

3. 方式方法创新为抓手。政府权力运行不应是单一方式的强制性管制，行政管理应符合人本、弹性、协调的要求，方能实现城市治理的高效化。可通过完善居民自治和多元沟通等机制，以民主化、公开化的行政手段，推动政府与社会的合作与双向互动。

4. 信息技术运用为保障。以互联网为引领的现代媒体，降低了公共服务的成本，信息技术手段的高速发展改变了政府行为方式，提供了更为便利有效的政治参与途径，激发了公民参与的兴趣，改变了传统行政管理中政府与公民的关系，促进了政府行为模式转变，有助于实现现代城市治理。

二、现代城市治理的主要趋势

实现城市管理向城市治理跨越的过程，是实现党和政府从善政向善治的重大转变，从发展型政府向服务型政府的重大转变，从传统管理型向现代治理型的重大转变。总得来说，现代城市治理呈现出以下主要趋势：

（一）城市经济现代化与社会现代化同步发展。在社会主义市场经济体制下，自然人会逐步完成从单位人向社会人身份的转变，面对这一转变，需要多元化的社会治理体系，以法律、行政、道德等手段，对全体社会成员的行为进行规范，对社会公共事务进行组织、协调、服务、监督。在推进城市治理体系和治理能力现代化进程中，实现城市现代化发展必须坚持以经济建设为中心，以社会建设为重心，以城市民生事业现代化、社会事业现代化、社会体制现代化、社会管理现代化、社会组织现代化、社会文化现代化、社会结构现代化、社会平安现代化、城乡社区现代化等为基本标志，建成与城市现代化经济结构相适应的现代化社会结构。①

① 郭先登：《实现“城市管理”向“城市治理”伟大跨越》，青岛日报，2014 年 3 月 16 日。

（二）城市治理走向制度化、规范化、程序化。城市体制改革必须遵循经济社会发展规律，结合国情、域情，在充分调查研究的基础上，通过制度化的模式全面深化改革。城市治理体系和治理能力现代化必须坚持规范化的操作实践，任何改革方案和具体改革措施，都要进行以法律法规、党纪政纪为依据的操作，使改革过程不留后遗症，使改革结果让群众满意，使改革成绩惠及群众。程序化是在新的历史条件下，改革开放进入成熟期的重大标志，只有坚持程序化，才能实现提升城市治理体系和治理能力。城市治理体系和治理能力现代化需要坚持程序化原则，对党和国家已经明确进行的改革部署，不折不扣地贯彻落实；对在现有认识水平下吃不准的改革方案，坚持国家利益和人民利益至上，广泛听取社会各方面意见，最大限度把改革举措落到实处。

（三）城市治理体系的核心是坚持民生优先。创新城市不同领域的治理模式，必须从传统自上而下的行政管控中解放出来，坚持以民为本的核心理念，充分发挥多方参与、共同治理的主动性、创造性。现阶段应突出两个方面：一是创新社区组织模式。城市建立社区组织的服务形式，有利于政府职能转变，提高服务效率，拓

眺望南市区

宽居民参与渠道，提高社区自治能力。二是发挥社团群体及中介组织作用。提高城市治理能力，需要社会组织内部形成一定的公共权力，但必须受制于国家法律，在法律允许范围内，通过履行对社会的公共责任，规范成员的社会活动。

（四）城市治理要求政府进一步转变职能。城市在深化改革中提高治理能力水平，必须坚定不移地让市场在资源配置中起决定性的作用，严格规范政府行为，政府还必须要逐步完全退出经营领域，进一步放权给社会，激发出民间活力，市场能办好的事坚决放给市场去做，社会能做好的事坚决交给社会去办。政府要管好经济社会运行的“红绿灯”，以实现党和国家提出的把“错装在政府身上的手”换成“市场和社会的手”的改革方向，通过服务型政府建设推进城市治理创新。

三、嘉峪关城市治理品质的提升策略

随着科技化、信息化的快速发展，城市治理也越来越具有科技性和开放性，对治理理念、模式、主体等方面提出了新要求。嘉峪关应着眼城市治理一盘棋，着力全面深化改革，创新治理理念、治理体制和治理手段，提升城市的治理品质。

（一）转变工作职能，打造服务型政府。党的十八届三中全会指出，必须切实转变政府职能，创新行政管理方式，增强政府公信力和执行力，建设法治政府和服务型政府。嘉峪关应抓住全面深化改革的契机，持续深化行政体制改革，推动投资发展型政府向服务运营型政府转变。

1. 全面深化改革，规范政府工作职能。改革是推动经济社会发展的强大动力，也是推进城市治理的重要途径。嘉峪关应以全面深化改革为突破口，持续做好行政审批的接管放，对国务院和省政府决定下放、明令取消的审批事项，不折不扣地放给市场和社会，进一步释放市场和社会的活力。要优化管理职能，对保留的行政审批事项，编制事项目录，明确办理要件、审批程序和时限，公布权力清单、接受社会监督，提高审批效率和服务水平，为加强城市治理创造良好环境。尤其应注重发挥市场在资源配置中的决定性作用，依靠建立和完善市场机制，进一步提高城市治理效能。

2. 强化服务职能，健全公共服务体系。在城市治理体系和治理能力的变革中，公共服务地位特殊、功能重要，直接关系到城市的和谐稳定与未来发展。近年来，各地纷纷把目光投向城市的软件建设上，健全公共服务体系，强化公共服务职能，调动社会参与的积极性和创造性，劳动、知识、技术、管理等活力竞相迸发，经济社会发展的内生动力不断增强，客观上推动了城市治理水平的提高。借鉴这些城市和地区的治理经验，嘉峪关应注重统筹各方面资源，把政府工作重点、政策支持重点、财力保障重点逐步向社会领域、公共事业倾斜，把新增财力主要用于改善民生，扩大购买服务范围，让公共服务水平和范围逐年扩围增容，更好地满足城市发展和人民生活的需要。坚持全覆盖、保基本、多层次、可持续的方针，增强服务供给能力，创新体制机制，统筹推进城乡社会保障一体化，建立更高质量、更高层次的社会保障体系，使群众共享改革发展成果。

3. 加强社会治理，维护社会公平正义。最大程度实现公平正义是社会主义制度的内在要求，追求公平正义是政府工作的重要目标。嘉峪关提升城市治理品质，要完善各项社会政策，加强制度建设，逐步建立以权利公平、机会公平、规则公平为主要内容的社会公平保障体系。积极构建政社分开、权责明确、依法自治的现代社会组织体系，促进政事分开、管办分开、事业和产业分开、营利性与非营利性分开。健全社会调控机制，特别是建立健全维护群众权益机制，畅通和规范群众诉求表达、利益协调、权益保障渠道，更好维护群众的合法权益。健全社会风险管理机制，提高应急管理能力，明确政府、社会力量及各方面的风险管理责任，合理配置和利用资源，将源头治理、动态管理、应急处置有机结合起来，强化公共安全体系建设。①

（二）推进法治建设，打造法治型政府。国家的法律法规需要政府来实施，政府的决策与执法活动是否合法、是否适当，关系到群众福祉和社会稳定，关系着依法治国基本方略的落实。一个成熟的城市，一定会崇尚法治。嘉峪关城市治理水平的提高，须依靠法治模式完善、法治建设制度设计，自觉把城市治理纳入法治化轨道。

1. 提高依法行政能力。随着经济社会的发展和互联网的广泛运用，公民的维权意识进一步提高，政府的行为受到社会普遍关注，创新城市治理考验着政府的法治能力。嘉峪关应完善行政组织和行政程序相关制度，推进政府机构、职能、权限、程序和责任法定化，全面实施权力清单、责任清单和负面清单，提高行政工作效能，做到权力不越位、不错位、不缺位。领导干部这一“关键少数”在法治建设中处于“关键地位”，应带头尊法学法、守法用法，养成依法办事的习惯，

---

① 唐铁汉：《以党的十八大精神为指导加快政府职能转变步伐》《行政管理改革》，2013年第1期。

提高运用法治思维和法律手段解决矛盾和问题的能力。要提高公职人员的法治素养，建立法律知识培训长效机制，把依法行政纳入公职人员培训的教学内容，开展通用法律知识、专门法律知识和新法律法规专题培训，把培训情况、学习成绩作为考核的重要依据，进一步提高工作人员的法治水平。

2. 理顺行政执法体制。行政执法是依法行政的关键环节，是城市治理的重要组成部分。嘉峪关市通过深化改革，整合行政执法力量，组成市综合执法局，执法效果明显提高。在推进城市治理过程中，应科学划分执法权限，完善行政执法程序，规范执法流程，严格执行重大行政执法决定法制审核制度。按照合理行政、过罚相当、处罚与教育相结合的原则，制定具体标准，细化、量化自由裁量权，推动行政处罚自由裁量权依法、合理行使，实现行政执法工作的规范化，发挥维护和保障社会秩序的积极作用。执法队伍素质的高低直接影响着依法治理的质量，应强化执法队伍建设，落实好行政执法责任制，进一步加强执法考评监督，强化责任追究，做到阳光执法、文明执法、依法执法，为城市治理打下良好的基础。录用城市治理行政执行人员要严格标准、公开竞争、择优录用，让那些素质好、懂法律和专业技术强的人员进入执法队伍中，形成强者上、平着让，庸者下的良好竞争机制。

3. 健全科学决策机制。城市治理是一项综合性工程，需要广泛倾听民意。嘉峪关加强和创新城市治理，应严格遵循行政决策程序，落实公众参与、专家论证、风险评估、合法性审查、集体讨论决定等法定环节，确保决策制度科学、程序正当、过程公开、责任明确。要加强行政决策监督和责任追究，落实依法做出的各项决策，既不能不作为、乱作为，也不能慢作为、消极作为，应根据法律制度授权，依法依规做出决策。要结合嘉峪关实际，全面推行法律顾问制度，重大决策事项在会前交由法制机构进行合法性审查,未经合法性审查或者经审查不合法的，不能提交会议讨论、做出决策。凡事关全市经济社会发展和群众切身利益的重大政策、重大项目等事项，都必须进行合法性、合理性、可行性和可控性评估，以科学的决策机制保障政策的有效性。

4. 加强权力制约监督。英国思想史学家阿克顿说，权力导致腐败，绝对权力导致绝对腐败。嘉峪关推进城市治理，应全面深化政务公开，强化对权力运行的监督制约，加强对领导干部监督特别是日常监督，防止公共权力变质和蜕化。发挥各种监督主体的作用，强化市人大及其常委会的法律监督、政协的民主监督，办理好人大代表议案、建议和政协提案。加强群众监督、舆论监督，完善司法监督、社会监督，优化权力清单和办事流程，进一步推进分事行权，着力提高服务效能，严肃查办违纪违法案件，促使公务人员依法办事。

5. 坚持法治方式与群众工作相结合。人民群众对建设法治国家和法治社会期盼强烈，法治建设的关注度和敏感度高，嘉峪关提升城市治理品质，须运用法治思维谋划和推进工作，运用法治方式研究和解决问题，依法化解社会矛盾、依法预防打击犯罪、依法维护社会稳定。注重群防群治工作，以公安派出所、基层法庭、综治部门等为主体，落实执法司法为民便民措施，完善网上办事大厅、综合性诉讼服务中心职能，方便群众运用法律途径解决纠纷。推进城市治理必须坚持群众观点、走群众路线、引导群众依法合理表达诉求，提升群众法律意识和依法维权能力。司法机关在促进社会和谐中具有特殊作用，须严格依法办案，解决诉讼难、执行难等问题，让群众在每一起司法案件中都感受到公平正义。

（三）加强精细管理，建设平安城市。精细化原本是一种企业管理理念，是将常规管理引向深入的基本思想，以最大限度减少资源和降低成本的管理方式。实行城市精细化管理是改善城市面貌、提升城市治理水平行之有效的重要抓手，尤其是建设平安城市，提升市民的安全感和满意度，需要平安创建的目标任务和责任措施不断地精细化。

1. 创新流动人口管理。为外来人口提供各种服务和便利，需要城市治理有一个大的变化。嘉峪关提升城市治理品质，须强化流动人口和特殊人群服务，围绕解决就业、居住、就学等现实问题，解决好群众最关心、最直接、最现实的利益问题，从源头上预防和减少各类矛盾纠纷隐患。创新服务管理体制机制，明确相关权利义务、政策配套衔接、政府社会责任等，统一行使管理、服务、协调等职责，实现流动人口服务管理一体化。健全暂住人口和出租房屋管理办法，全面提升以证管人、以房管人、以业管人的工作效率，实现流动人口的社会化管理。建立失业保障制度，完善流动人口法律援助制度，解决流动人口社会保障权益的可转移问题，让流动人口更好地融入城市发展，为城市治理奠定良好基础。

2. 推进诚信体系建设。诚信是城市的无形资产，对提高城市品质具有重要作用。嘉峪关在城市治理过程中，要注重涵养诚信光荣、失信可耻的社会氛围，定期向社会发布诚信“红黑榜”企业名单，倡导市场主体诚信经营，充分调动社会参与积极性，打造诚信建设制度化的有效载体。要加快征信系统建设，搭建统一的信用信息互联互通平台，采取信用信息收集、资源共享、社会监督等有效措施，实现多部门、跨地区、跨领域信息联享、信用联评、守信联奖、失信联惩，让守信者处处受益、失信者处处受限。改善各行业各部门的信用环境，积极构建奖励诚信、约束失信机制，把推进诚信建设制度化纳入文明城市、文明村镇、文明单位测评体系，以制度的形式固化下来，形成齐抓共管的长效机制。

3. 强化社会治安管理。平安建设是城市和谐稳定的重要基石，是提升城市治理品质的重要载体。嘉峪关推进平安城市建设，应以警务机制创新为重点，优化警力配置，重点加强治安巡防队伍、基层派出所和社区警务室建设，构建打防管控、人防物防技防结合的数字化治安防控体系。建立健全特殊人群教育帮扶、矫治管理等各项措施，强化重点场所、重点部位安全防范，有效整治公共安全隐患。加强对城市复杂部位整治，清除小区的监控盲点，把分散各小区的高清视频探头串联成网，形成全方位覆盖的电子监控网。创新立体化社会治安防控体系，建立健全源头治理、动态协调、应急处置、相互衔接、相互支撑的社会治安综合治理机制，实现多部门城市治理职能整合。

4. 健全公共安全体系。社会对公共安全事务非常敏感，嘉峪关提升城市治理品质，须对公共安全加强城市治理优先考虑。在安全生产责任上，坚持党政同责，强化企业主体责任，突出重点行业领域，深化隐患排查治理，严肃日常监管和责任追究。完善城市应急管理体系，健全防灾减灾救灾体制，着眼抵御沙尘暴、冰雪等自然灾害，加强城市消防、抗震设施等建设，提高城市建筑灾害设防标准，强化公共建筑物和设施应急避难功能。完善突发公共事件应急保障体系，开展市民风险防范和自救互救教育，发挥社会力量在应急管理中的作用。重视处置突发公共事件能力建设，加强应急处置的组织领导和指挥协调，健全应急处置和灾害救援中军地联动、政社联动机制。加大依法管理网络力度，完善互联网管理领导体制，搭建现实社会与虚拟社会有机衔接的防控网络，确保网络信息安全。

5. 完善公共服务供给。公共服务与群众的生产生活息息相关，推进城市治理必须注重完善公共服务体系建设。要积极探索城乡教育资源配置一体化和医疗服务保障一体化的有效途径，加强和创新社区网格化服务，公安、民政、人社、工商等部门应将更多的资源投向基层，推进公共服务向村组延伸，促进基本公共服务均等化。要加快建立政府主导、社会参与、公办民办并举的基本公共服务供给模式，对社会资本公平开放，完善对社会资本投入的扶持和监管政策，发挥公共投入的引导和调控作用，强化社会公众对公共服务供给决策及运营的知情权、参与权和监督权。要发挥各类社会组织在公共服务需求表达、服务供给与监督评价等方面的作用，把适合由社会承担的公共服务事项，以购买服务等方式交由社会组织承担。

（四）打造平台载体，积极扩大群众参与。推进城市治理体系和治理能力现代化，最核心的是治理主体多元化。嘉峪关应坚持“以人为中心”的城市治理理念，广泛动员市民参与城市治理，把单纯依靠政府转变为全体市民共同参与，实现人民城市人民建、管好城市为人民。

1. 推进社区自治，维护和谐稳定。社区自治的主要特点是政府对社区的干预主要以间接方式进行，其主要职能是通过制定各种法律法规，规范社区内不同团体、组织、家庭和个人的行为，协调社区内的各种利益关系。嘉峪关应以全面深化改革为契机，创新社区治理体制，剥离社区行政职能，强化社区自治功能，实现社区自我管理、自我教育、自我服务。发挥业主委员会、物业管理机构、相关单位积极作用，引导各类社会组织、志愿者参与社区服务管理，推进社工人员专业化和职业化。顺应市民需求多元化对社区建设的新要求，以社区党建为统领，统筹社区各项工作和各种社会资源，充分发挥党在城市基层的领导核心作用[①]。

2. 加强社会组织管理，释放发展活力。我国的城市管理正在向社会主导型转变，扩大公众参与将成为新趋势。就嘉峪关而言，应推广多元共治，积极发展政府有需要、群众有需求的社会组织，积极承接政府转移的服务事项，使社会组织成为城市治理的重要载体。注重多主体联动，发挥社会协同、公众参与的关键作用，发挥社会组织的“民意智库”作用，推进社会治理法治化，用民主和法治方式调处化解社会矛盾纠纷，营造安定有序的法治社会环境。推进行业协会、商会等社会组织的改革，建立行业协会与政府联系沟通机制，发挥其在沟通联系行业成员与政府方面的积极作用。加快推进政社分开、管办分离，逐步实现社会组织与政府及其部门所在的人财物等方面彻底脱钩，促进社会组织健康发展。健全统一登记、各司其职、协调配合、依法监管的社会组织管理体制，实现法律监督、政府监督、社会监督等有机结合。

3. 强化基层组织建设，提高服务能力。城市治理的根基在基层，关键在服务。

---

① 本书编写组：《加强和创新社会管理》，红旗出版社，2011 年第 5 期，第 45 页。

嘉峪关应进一步强化镇村和社区管理服务职责，完善政府投入和社会投入相结合的基层经费保障机制，增强城乡社区服务功能。深化居民自治，增强基层自我管理和服务能力，促进政府管理和基层自治良性互动。政府及其部门应充分保障居委会依法组织基层群众自我管理、自我服务、自我教育、自我监督的各项权利，不强行干预基层群众自治组织、自治范围内的事。基层群众自治组织既要依法组织居民开展自治活动，也要积极协助基层政府及其派出机关开展工作，推动政府社会治理和公共服务覆盖到城乡社区。

4. 健全社交媒体，提高治理能力。社交媒体在互联网的沃土上蓬勃发展，爆发出令人眩目的能量。嘉峪关在城市治理品质提升的过程中，应注重发挥社交媒体的力量，探索成立专门社交媒体部门或设立新媒体专门人员，加强对监控社交媒体上各种信息的反馈，定期发布政府工作动态信息。要善于运用社交媒体治理城市，及时预警、果断处置，提高新媒体条件下应对突发事件的能力。加强网络信息管理体系建设，落实公安、文化等部门的监管责任，依法处置互联网违法、有害信息，打击各类网络违法犯罪。加强对移动通讯运营企业、各类网站网吧等经营性场所和网上传播、出版、发行等行为的监管，规范网络行为、净化网络环境，营造良好的舆论氛围。

第七章　城镇化品质提升研究

城镇化作为城市建设的重要部分，是城市品质的关键因素。嘉峪关在城市大、农村小的现实情况下，必须着重提升城镇化质量，通过城乡一体化发展带动城市品质的全面提升。

一、城镇化品质的内涵

在城镇化建设过程中，非农产业逐步向城镇集聚，农村人口向城镇集中，城市建设用地不断扩张，对城乡关系、空间格局、资源环境、管理体制等带来巨大冲击。城镇化品质是指城镇化各组成要素的发展质量、协调程度和推进效率。从内涵上讲，城镇化品质包括城镇自身的发展质量、城镇化推进的效率和城乡协调发展程度三个方面。从构成要素看，城镇化品质又可分为经济城镇化品质、社会城镇化品质和空间城镇化品质。因此，城镇化品质是各构成要素和所涉及领域质量的集合，是不同构成要素的协调发展 ，具体包括以下四个方面：

城镇化品质是工业化、农业现代化的协调发展。工业化和农业现代化相互支撑，彼此相互联系、相互促进。因此，要充分发挥工业化的引领作用、农业现代化的基础作用，才能实现“三化”的有机融合。从城乡分割的实际出发，加强工业对农业的反哺力度，注重城市公共服务向农村覆盖、城市时代文明向农村扩散，让新型城镇化的进程成为促进农业增效、农民增收、农村繁荣的过程，共同构建城乡互补、共同发展的良好格局。

城镇化品质是人口、经济、资源和环境的相协调。依托城镇的资源和环境承载能力聚集产业和人口，努力发展低耗经济、低碳经济、循环经济，保护和改善生态环境，按照城市标准改造农村，对垃圾、污水、噪音等进行达标处理和控制，增加绿地、林地面积，突出城镇的生态建设，推动自然、人口与城镇环境和谐相处，从而保障城镇化的质量和效率。

城镇化品质是城市与农村的协调发展。以资源环境承载能力和公共服务功能配套完善为原则，合理控制城市过度扩张，健全城市硬件设施与软件服务，注重产业的合理布局与配套集群发展，做大做强新型产业，加快工艺流程创新升级，推动城镇向数字域、信息域、智能域、知识域方向发展，引导人口和产业集中集聚，形成城市合理有序发展格局，促使城镇地理空间优化，造就城镇宜居宜业宜游的环境。

城镇化品质是人口积聚、“市民化”和公共服务的协调发展。只有劳动力的非农业化和劳动力的空间转移不是真正意义上的城市化，仅有人口的集聚和产业的优化，而不能让进城农民享有基本的公共服务，没有生活质量的提升、人居环境的改善，也不是高质量的城镇化。在城镇化过程中改革城镇人口社会管理制度，逐步建立城乡统一的居住地登记体制，让外来常住人口在医疗、教育、养老、失业救济等方面与城市人口享受平等的权利，赋予外来落户人口以完全的“市民权”。

《国家新型城镇化规划（2014-2020 年）》提出，要全面提高城镇化的质量，走出一条以人为本、四化同步、优化布局、生态文明、文化传承的中国特色新型城镇化道路。这充分表明，在新常态下我国经济持续健康发展，实现让农业更强、农民更富、农村更美，就必须要发展高质量、高品质的新型城镇化道路。因此，城镇化品质要解决和处理好以人为核心的城乡差距，加快农业转变发展方式，推动社会保障、生态文明、文化生活、公共服务等方面的融合，真正实现产业支撑、人居环境、生活方式等方面由“乡”到“城”的转变。

二、提升城镇化品质的原则

在经济发展新常态下，嘉峪关的城镇化建设应更加注重品质建设，积极探索具有特点的高品质城镇化模式，为加快嘉峪关经济转型升级、实现“四个全面”奠定坚实的基础。提升城镇化品质应着力把握好以下四个原则：

（一）坚持统筹规划。提升城镇化品质是一个漫长的历史过程，涉及到城与乡、经济、社会与生态环境等方面。提升城镇化品质，必须从全局出发进行长远谋划，有序稳步推进，急于求成、不切实际的搞城镇化“大跃进”，甚至人为造城，都将对城镇化品质产生负面影响。要统筹城乡区域发展，促进人口、经济与资源环境承载能力相适应，妥善处理好各方面关系，缓解各种矛盾和冲突。

（二）坚持以人为本。提升城镇化品质的核心是提高人的生活品质。因此，必须坚持以人为本，以增进城乡居民福祉为出发点和落脚点，高度关注民生和社会问题，切实尊重城乡居民的意愿，真正实现从“乡”到“城”的转变，有序推进农业转移人口市民化进程，促进城乡居民机会均等和成果共享，走平等、包容、创新、和谐的城镇化之路。

（三）坚持因地制宜。结合嘉峪关市情实际，探索具有地方特色的城镇化品质发展模式。重视培育建设中心城镇，推进特色镇建设，提高城镇化可持续发展的能力；在农村地区，要着力抓好新型社区建设，引导农民就近转移，实现就地城镇化。

（四）坚持四化同步。城镇化品质建设需要坚持以工业化为支撑，以城镇化为载体，以信息化为手段，以农业现代化为基础，把城镇化与工业化、信息化和农业现代化紧密结合起来，实现城镇化与工业化良性互动、与农业现代化相互协调、与信息化深度融合的同步发展格局，既治“城市病”，更治“农村病”，最终实现城乡共同繁荣[①]。

三、嘉峪关城镇化品质的基本路径

嘉峪关市在提升城镇化品质过程中，应坚持中国特色新型城镇化的发展方向，以人为本，以科学发展观为指引，推动城镇化由追求数量向追求质量转变、由粗放型向集约型转变、由城乡分割型向融合共享型转变、由不可持续向可持续发展转变，实现更高质量的城镇化目标。

一是走渐进式之路。根据资源环境承载能力、城镇公共设施容量、人口吸纳能力和政府财力等，科学确定城镇化的规模，合理把握城镇化率的速度和节奏，在确保质量和品质的前提下采取渐进式的策略积极稳妥地推进。城镇化的发展必须保持适度的规模和速度，坚持与经济发展水平相适应，与工业化阶段和产业支撑能力相适应，与城镇人口和就业吸纳能力相适应，与城镇公共服务设施容量相适应，与区域资源环境承载能力相适应，防止出现超越承载能力和发展水平的城

① 王伟光、魏后凯、张军：《新型城镇化与城乡发展一体化》，工人出版社出版社，2014 年版。

镇化。

二是走集约型之路。坚持节约资源，培育节约型生产、生活方式和消费模式，建立高效集约节约利用资源的长效机制，提高城镇资源配置效率，走高效节约的城镇化道路。进一步研究制定各项集约指标和建设标准，强调紧凑、集中、高效的城镇建设模式，充分挖掘城镇土地潜力，集约节约利用土地，形成集中高效的用地格局，推进城镇、社区、园区、村庄集中建设、集中发展，实现城镇化稳步有序发展。

三是走多样化之路。坚持城市和城镇协调发展，综合考虑城镇承载能力和人口吸纳能力，合理引导农业人口有序转移，推动形成合理分工、协调发展、等级有序的城镇化规模格局。着力提升自主创新能力和可持续发展能力，使提升城镇化品质成为推进城镇化建设的重点；促进城市产业转型和功能提升，调整优化空

戈壁新花

间结构，提高综合承载能力，使之成为吸收城镇人口的主渠道；加强城市和城镇基础设施建设，提高公共服务能力和水平，积极培育特色优势产业，不断扩大就业机会，使之成为提升城镇化品质的重要载体。

四是走可持续之路。坚持生态环境保护优先，充分利用自然山体、河流、湖泊、

农田，构建开放的城镇生态格局和生态网络，积极推广节能环保、绿色低碳技术，加快构筑绿色生产和消费体系，推进生态城市、园林城市、环保模范城市建设，推动形成与资源环境承载能力相适应的城镇化格局，促进城镇发展与生态环境保护深度融合，走绿色、低碳、环保、宜居的可持续城镇化品质之路。科学确定开发强度，划定生态红线，合理布局规划生产空间、生活空间和生态空间，建设可持续宜居的美丽城镇，创造一个生产发展、生活富裕、生态优美的良好人居环境。

五是走和谐型之路。积极推进各项民生工程建设，加强城市危旧房、城中村、棚户区和边缘区改造，进一步完善城镇安全和社会保障体系，高度关注城乡各类弱势群体，制定统一的城乡贫困标准和扶贫政策，积极推进和谐拆迁，妥善解决好失地农民就业安置和社会保障问题，有效破解农村留守儿童、留守妇女和留守老人难题，逐步消除城乡和城市内部双重二元结构，真正把和谐发展的理念贯穿到城镇化的全过程和各领域，切实处理好城镇化进程中各种利益关系，构建一个以平等、公正、共享为特征，不同群体和睦共处、相互包容的新型城镇化格局[①]。

四、嘉峪关提升城镇化品质建设的举措

作为工业旅游城市，嘉峪关市要通过拓宽居民增收渠道、筹措城建资金、规划城乡发展空间、发展现代农业、布局产业规划、创新农村社会治理、提升公共服务能力、有序推进农业人口转移、深化农村改革等政策措施，逐步突破提升城镇化品质中面临的各种束缚，进一步提升嘉峪关城镇化品质。

（一）拓宽城乡居民增收渠道。城乡居民收入差距缩小有利于新型城镇化的建设，有利于城乡一体化的发展。近年来，随着中央收入分配制度改革的实施，城乡居民收入差距呈现出缩小态势，总体来看，农村居民收入增速快于城镇居民。在任何一个地区，城乡居民的收入决定着生活水平的高低，而生活水平也是提升城镇化品质的要素之一，为此，嘉峪关在提升高品质城镇化过程中，首先要考虑提高城乡居民的收入。

1. 加快农业特色优势产业发展。在区域性气候地理条件优势下，立足本地农业资源、农产品品种，以产业化为基础、效益为中心、科技创新为动力，以农业

① 王伟光、魏后凯、张军：《新型城镇化与城乡发展一体化》，工人出版社，2014 年版。

组织新模式为纽带，以市场需求为导向和提升竞争优势为目标，形成具有某种特色的主导产业。嘉峪关要突破城乡居民收入瓶颈，就要把握住发展农业特色优势产业的关键环节，抓好资金、土地、技术、布局等要素，加快现代农牧产业和高新农业等项目的建设，扶持壮大农业龙头企业，构建新型农民组织体系，创新利益联结机制，转变农业经营方式，夯实农村居民增收基础。

2. 积极落实农业优惠政策。近年来，中央连续出台了一系列强农惠农的政策措施，各级政府不断加大对“三农”的扶持发展力度，有力促进了农业农村经济发展，农民生活水平的不断提升。嘉峪关在提高城乡居民收入的过程中，要执行好符合本地区实际情况惠农政策，例如，探索推行农业保险政策，加大农业发展贴息贷款范围和种类，赋予农村居民更多的财产权，依法确保农村居民转让的收益，不断提高农村居民财产性收入，实施农村劳动力素质提升工程，培养有技能、懂经营、会管理的新型农民等。

3. 提升城乡居民非农产业收入。改革开放以来，乡镇企业为主体的农村非农产业迅猛发展，吸纳了大量农村剩余劳动力，为农民收入开辟了新的增长点，加快了农民增收步伐。从经济发达省份来看，农村非农产业发展态势越好，农村居民的收入水平增长的就越快，对当地经济社会发展的贡献也就越大。如今，由于大力发展农业现代化，农业产业效率有了很大的提升，从事农业生产的农民也已经从“多”逐渐转变成“精”。因此，农民收入的增长方式已经发生根本变化，“非农”收入已逐渐成为农民收入增长的主要来源，增加农民群众的“非农”收入已成为促进农民收入短期内有较快增长的必然选择。嘉峪关应坚持以工促农、企业辐射带动作用，鼓励发展非农产业和劳务经济，支持农村居民发展餐饮、娱乐、运输等非农产业，引导农村剩余劳动力到工业园区企业务工，利用农闲时节发展劳务经济，提高经营性和工资性收入比重，进一步拓宽农村居民增收渠道。

（二）积极筹措城镇建设资金。建设资金问题是提升城镇化品质的关键一环。据有关部门估算，到2020年我国城镇化率将达到60%，建设经费将高达50万亿元，建设资金已经成为新型城镇化过程中亟需解决的问题。嘉峪关提升城镇化品质的过程中，在解决城镇建设资金的问题上，要树立改革创新思维，推动建立市场化、可持续的资金保障机制，有效发挥政策性金融的引导和促进作用，平稳释放城镇化潜力[1]。

1. 动员农民自有资金投入。改革开放以来，农民收入有了较大幅度的提高，但是农民对农业的投入积极性不高，相对影响了城镇化的可持续发展。主要原因是：一方面农民没有真正摆脱自然经济的束缚，农村产业结构单一，农民投资受到制约；另一方面市场信息不对称，农村合作组织发展规模不大，导致农民不懂投入和不敢投入。然而，农村群众作为农村的主人，只有有序发动起农民对建设城镇化的积极性，才能使城镇化持续发展，更是解决城镇化建设资金难题的方法之一。嘉峪关在新型城镇化建设中，可以探索建立政府事权和个人事权相结合的方式，明确建设资金分成，由政府财政和农村居民共同投入；加快农民在农村宅基地、集体资产股份、承包地经营权等抵押担保方面的改革步伐，协调金融机构给予农民低息贷款，由农民个体承担住宅改造和建设部分成本；积极探索农民用土地换社保、换就业、换住房、换固定收益的新模式，解决一部分新型城镇化建设资金。

2. 鼓励社会资本参与投资。新型城镇化发展需要的大量资金，仅靠政府投入、土地财政及银行贷款等传统融资渠道是远远不够的。积极吸引社会资本的参与，形成多元化的融资主体，既能作为多元化融资的手段和渠道，提高政府项目运作的透明度和效率，也能为社会资本提供一个广阔的投资渠道，极大提升经济发展的活力，解决城镇化建设过程中资金短缺的难题。嘉峪关要充分认识到，社会资本合作将成为城镇化资金来源的重要渠道。为此，必须放宽和降低市场准入门槛，建立政府与社会资本在公共服务领域的合作，采取股份制经营收益模式和市场化运作的方式，吸引民营企业参与城镇基础设施建设，有效减轻城镇化建设过程中政府资金压力，实现企业与城镇化双赢的局面。

3. 推进农村金融市场化。按照我国金融机构的不同性质和类型，在支持城镇化发展过程中发挥着不同的作用，其中银行业提供的金融支持力度最大，政策性银行的贡献最大，但随着商业银行竞争发展格局的日趋激烈，加快了金融市场化的脚步，越来越多的金融涉农业务和乡镇地区业务相继开展，客观上提升了商业银行对城镇化发展的支持力度。因此，嘉峪关在发展农村金融市场化的进程中，要不断探索与商业性金融资源合作、共同支持城镇化建设的新思路、新模式，支

① 胡怀邦：《如何创新新型城镇化投融资机制》，人民日报，2014年3月31日，第8版。

持地方性金融机构的发展，壮大各类投融资平台；建立农企产业模式，获得更多的金融支持；积极协调国家开发银行等政策性银行，发挥融资额度大、贷款期限长等政策性优势，较好地解决新型城镇化建设资金问题。

（三）科学发展特色产业。改革开放以来，城镇产业结构布局有两种思路：一种是坚持工业为首的发展思路，其优点是能最大限度利用当地资源实现快速发展，缺点是产业结构较为单一，一旦资源减少甚至枯竭，发展就不可持续。另一种是产业多元发展的思路，通过加强基础设施建设和招商引资，形成了多层次的产业结构，其优点是可持续发展能力较强，缺点是一些产业不适合本地实际情况，可能导致产业结构不合理，降低资源配置效率，造成人力、财力和资源浪费。嘉峪关市作为工矿类型城市，应提前筹划接续产业，避免出现资源枯竭导致城镇衰败的现象，也应兼顾左邻右舍，与周边城镇形成产业联合或互补，实现规模效应。[①]因此，嘉峪关在提升城镇化品质必须深入具体城镇，根据实际情况，分别规划三镇产业发展。

1. 打造文化旅游发展镇。峪泉镇是甘肃省首批农村综合改革试点镇，也是嘉峪关市确定的城乡一体化试点镇，新型城镇化建设已经具备一定基础。该镇毗邻关城景区，随着世界文化遗产保护工程及配套项目的建成，发展旅游产业大有作为，应将峪泉镇定位为长城遗迹旅游镇，以长城文化、边塞文化、奇石文化为主体，辅以农家特色餐饮，大力发展文化旅游产业，实现遗产保护和旅游开发的协调发展，打造一个文化繁荣、设施健全、功能完善、环境优雅的新型城镇化示范镇。

2. 打造特色农业发展镇。新城镇耕地、草地、湿地资源丰富，近年来在发展特色种植、养殖产业方面取得了一定成绩，拥有新获批的草湖国家级湿地公园，发展现代农业和农业观光产业前景广阔。应将新城镇定位为特色农业观光镇，加强湿地资源保护，发展温室种植、规模养殖、蔬果采摘、湿地观光等产业，辅以建设候鸟栖息地、马场驼场、胡杨观光林、戈壁沙漠探险基地、野营基地等设施，使之成为集农业采摘、湿地避暑和野营娱乐为一体的休闲观光好去处。

3. 打造旅游休闲发展镇。文殊镇处于嘉峪关向南、向东发展的轴心位置，毗邻文殊寺景区、华强方特欢乐世界、讨赖河景观区、高铁南站，即将建成观礼古镇和体育公园。近年来，该镇不断调整和优化农村产业结构，建成了高效农业示

① 童星：《拓宽新型城镇化研究思路》，人民日报，2015 年 5 月 11 日，第 16 版。

范园、食用菌基地、林果育苗基地、波尔山羊养殖基地等，走出了一条城郊型特色农业发展路子。基于这样的条件，今后发展应定位为旅游休闲服务镇，在发展特色农业的基础上，积极推动旅游服务业繁荣发展，建设农家小宾馆、度假村、农家乐等旅游服务设施，辅以发展汽车摩托车场地越野、自驾游基地、对抗性运动俱乐部等集娱乐与挑战于一体的现代休闲项目，打造一个交通便利、场馆配套、设施齐全的服务型功能区。

嘉峪关新城草湖湿地

（四）推进农村社会治理创新。农村社会治理是国家治理体系的重要组成部分，加强和创新农村社会治理，提高农村社会治理能力，是确保我国农村社会既充满活力且和谐稳定，推动城乡统筹发展、构建和谐社会的重要路径。嘉峪关在农村社会治理方面，应把重点放在创新体制机制上，最大限度地激发农民的积极性和创造力，不断提升农村社会治理水平。

1. 充实乡村治理资源。乡村治理资源主要包括人力、财力、权力、文化、信息等多种要素。嘉峪关要通过公共财政向农村倾斜、生产要素向农村流动、基础设施向农村延伸、公共服务向农村供给、社会保障向农村覆盖、城市文明向农村辐射等方式，不断促进农村社会的公平正义和健康发展。要以城市的工业资源、生态资源、特色文化资源为杠杆，优化配置现代要素与乡村传统要素，提升农村社会治理水平。

2. 统筹城乡发展战略。通过城乡产业结构调整、人力资源配置和金融资源配置的优化、经济社会协调发展等，充分发挥城市对农村的带动作用和农村对城市的促进作用，逐步形成城乡之间全方位自主自由交流与平等互利合作，实现工业与农业、城市与农村发展良性互动。要在突出城乡各自功能的同时实现城乡互补，确保农村居民在继续享有相关惠农政策的同时，与城市居民同等享受公共服务和社会保障，更好地满足农村居民多方面的需求。

3. 推进新型农村社区建设。农村新型社区建设，对于加快城镇化步伐、提高农村社会治理水平、实现更高质量的城镇化具有重要意义。首先，由于城市资源和环境的承载力有限，大量农村转移人口进入现有城镇必然带来诸多问题，建设农村新型社区，有助于缓解城镇化过程中城市的资源和环境压力。其次，随着农村社区各种服务功能的健全，吸引农民到社区集中居住，可以节省农村大量土地。再次，建好农村新型社区和现代农业示范区，有利于吸引农村外出劳动力及农业技术人员回流，对发展现代农业大有裨益。嘉峪关要加大农村社区规范化、标准化建设力度，统筹推进城乡社区公共资源和设施共建共享，健全完善农村矛盾纠纷调处机制，畅通农民利益诉求渠道，维护好农村社会和谐稳定。

（五）提升公共服务能力。提升城镇化品质要坚持速度与质量、建设与管理并重，不断加大对农村社会事业的财政支持力度，构建城乡一体、方便快捷、惠及全民、体现均等的公共服务体系。嘉峪关应按照由易到难的顺序逐步推进，保证农村地区基本公共服务水平逐年提高，逐步缩小城乡公共服务差距。

1. 创新农村基层党组织建设。农村基层党组织建立在农民群众生产生活的现场，居于农民群众之中，同农民群众保持着广泛而又密切的联系，一方面农民群众的意见、要求、困难和愿望，通过农村基层党组织反映到党的领导机关中来；另一方面，党的相关政策措施，通过农村基层党组织贯彻到农民中去，这说明基层党组织对于服务农民群众有着重要作用。嘉峪关要提升公共服务能力，就要及时跟进基层党组织建设，加强基层党组织带头人队伍建设，加大干部培养选拔力度，注重发挥优秀党员干部的先进作用，不断增强基层党组织促进产业发展、带领群众致富、化解基层矛盾、维护社会稳定的能力，打通联系服务群众的“最后一公里”。

2. 大力发展农村社会事业。嘉峪关要在目前的基础上，逐步提高养老、医疗、低保等社保标准，整合城乡养老保险、医疗保险、最低生活保障等社会保障体系，推进城乡社保一体化。要严把农产品安全关，规范农业生产过程，大力发展无公害产品、绿色食品和有机食品，加大对农产品、畜产品、加工食品、饮用水、餐饮业的安全治理力度，实施从农田到餐桌全过程的卫生质量监管，从源头上维护公共食品安全。深入开展农产品质量和食品安全治理整顿，不断完善严格的食品安全监管责任制和责任追究制度，确保舌尖上的安全。

3. 促进农村文化繁荣发展。坚持以工补农、以城带乡，鼓励和引导城市文化队伍到农村传经送宝，优先安排关系群众切身利益的文化建设项目，推动文化基础设施向农村延伸、文化公共产品向农村倾斜、城市文明成果向农村辐射。加大农村文化人才支持力度，开展多种形式的农村文化活动，为农村提供更多更好的文化产品，丰富农村居民精神文化生活。通过民办公助、政策扶持的方式鼓励农民自办文化，使农民真正成为农村文化建设的主体。

（六）全面深化农村改革。按照中央和全省对农村改革的具体要求，嘉峪关要将深化农村改革作为提升城镇化品质的重要抓手，建立健全体制机制，不断开创农村发展的新局面。

1. 深化农村产权制度改革。在前期农村集体土地所有权确权登记的基础上，建立全市农村产权动态信息数据库，对农村集体土地建设用地、农户宅基地使用权等农业资产产权进行进一步清理核对，对农户开垦的荒地经营流转权依法予以明确。建议依据政府服务中心建设全市统一的农村产权流转交易平台，培育农村产权流转交易市场，提高农村土地资源流转效率。鼓励农商银行等金融机构研究制定农村土地承包经营权质押、集体土地房屋抵押贷款等具体办法，打通农村融资症结，扶持农业经营大户、龙头企业发展。建立土地承包经营权股权化、集体资产股份化机制，引导农民以股权形式参与合作社经营，提高农村生产组织化程度，将剩余劳动力从农业生产中分流出来，拓展农村多元发展渠道。

2. 加快农村土地流转。引导农村居民依法自愿有偿流转土地，鼓励承包经营权向专业大户、家庭农场和农民专业合作社流转，提升农村土地规模经营水平。对实现土地流转的农民，要做好跟踪服务，确保他们能够顺利在其他领域充分就业，获得较高的工资收入。落实农村宅基地使用权，建立宅基地使用权退出、置换机制，加强城乡建设用地流转，探索宅基地空间转移方法，通过用宅基地置换城市住房和置换本地新建住房等方式，提高建设用地利用效率，拓展农民增收渠道。

3. 支持专业合作组织发展。加强对合作社的引导与整合，推动生产销售业务相近的合作社强强联合。根据市场需求建立专业的销售型组织，提升农产品价值，增加农民收入，同时培育品牌合作社，探索品牌化经营模式，开展专业化、标准化生产。加大对合作社的宣传力度，通过树立先进典型，让农民看到参与合作组织发展的实惠，提高积极性。支持专业经营大户牵头领办，带动更多农户加入农村专业合作组织。引导更多有实力的龙头企业进入农业领域，将扶持合作组织与建设产品基地紧密结合，提升企业与农户的关联度，发挥企业外连市场、内连农户的链条作用，提升农产品在生产、加工、流通诸环节的附加值。

4. 持续提高农民就业能力，以就业推进农业人口转移。继续把扩大农业转移人口就业放在突出位置，着力推进高新技术产业和劳动密集型产业均衡发展，加大对中小企业的扶持力度，加快发展服务业，培育新的就业岗位，增加就业机会。建立健全信贷、税收、用地等方面的优惠措施，扶持农民工返乡创业，以创业促就业，推进农村劳动力就近就地转移。加强技能培训和职业教育，鼓励参加培训的农业转移人口经过考核鉴定获得培训合格证书、职业能力证书或职业资格证书，以提升农业转移人口就业能力，以技能促就业。

第二篇

领导言论篇

适应新常态 促进新发展

市委书记　郑亚军

前不久召开的中央经济工作会上，习近平总书记深刻阐述了经济新常态的丰富内涵、趋势变化和应对举措，对我们做好当前和今后经济工作具有重要指导意义。我们要以习总书记系列重要讲话精神为统领，准确把握面临的阶段性特征，主动适应新常态，抓住新机遇，展示新作为，推动经济社会持续健康发展。

一、科学分析面临的阶段特征

经济发展进入新常态，是党中央立足发展阶段特征、科学研判发展形势做出的一项重大战略判断，是我国经济发展的一个大逻辑。在新常态下，嘉峪关经济发展主要呈现出五个趋势性特征。

一是经济增长由高速增长向中高速增长转变。“十二五”前四年，我市经济增幅分别为17.4%、16.4%、15.3%和12.5%，这与全国、全省总体形势是一致的，说明我市经济已由高速增长转向中高速增长，但仍保持在一个合理的增长区间，经济发展仍然保持了较好的势头。近年来，我们在调结构、扩就业、惠民生等方面做了大量工作，也取得了新进展，实现了有质量有效益的增长，未来一段时期保持中高速增长是完全有可能的。

二是产业结构由二产主导向三次产业协调发展转变。近年来，我市光伏发电、铝制品深加工、新型煤化工等新兴产业快速发展，形成了投资超过150亿元的文化产业园区，2014年旅游人数超过460万，旅游收入增长26%，实现历史新高。

2014年，我市三次产业比重调整为1.6:69.6:28.8，三产比重十年来提升近16个百分点。这说明我市产业结构调整成效显著，稳定一产、优化二产、提升三产正在被更好地统一起来，多极发展趋势更加明显。

三是增长动力由投资拉动向多元支撑转变。当前，投资方向正在发生深刻变化，基础设施、生态建设、民生改善、新能源将成为下一阶段的投资重点。未来几年，新能源、电解铝、煤炭分质利用等重大项目产能将“井喷式”释放。随着城乡居民收入不断增加、大型商贸中心和城市综合体的建成，消费将逐步形成新一轮经济增长动力。高铁开通后，旅游目的地城市和休闲消费型城市建设进入加速期，投资为主、消费配合、多元支撑的动力格局正在形成，我市具备了稳增长的持久动力和调结构的广阔空间。

四是生产要素配置由相对分散向聚合富集转变。“十二五”以来，我们谋集资源的半径不断扩大，生产要素保障能力进一步增强。工业园区成为全省唯一一家低碳工业园区，总产值占全市的三分之一，经济总量年均增长76.7%，已成为资本人才密集、技术水平先进、产品种类丰富的生产要素聚集区域。2014年全市非公有制市场主体增长16.4%，注册资本增长51.4%，全市金融机构贷款余额近400亿元，金融要素支撑实体经济发展的后劲更加充足。丝绸之路经济带建设由宏观构想层面转向务实推进阶段后，将为嘉峪关带来更多对接项目、引进资金的新机遇。

五是发展环境由局部改善向全面优化转变。近年来，我们加快转变政府职能，取消了一批行政审批项目，审批时限缩短45%，持续为市场主体松绑、为经营活动减负，为投资者创造了公平竞争、公开公正的市场环境。持续加强城市和生态建设，宜居宜业宜游的生态环境已成为吸引客商、拉动投资的重要因素。随着投资软环境的持续改善，近两年招商引资到位资金年均增长62.6%，已成为经济发展的重要支撑。

二、始终保持积极作为的战略定力

“明者因时而变”。当前，嘉峪关的发展仍处在大有可为的重要战略机遇期，我们要紧紧把握机遇叠加的新形势，牢牢掌握新常态下的主动权，打好转型跨越的主动仗，推动嘉峪关发展不断迈上新台阶。

一是稳中求进、保持定力。在新常态下，经济增速放缓是大趋势、大逻辑，但这不代表不发展、慢发展，而是要实现更有质量、更有效益、更可持续的发展。对我们来说，发展仍然是解决一切问题的关键。我们要牢牢抓住发展第一要务不放松，毫不动摇地以经济建设为中心，始终保持工作思路、投资方向的稳定性和连续性，保持经济运行的合理区间，保持平稳增长的发展态势，坚定不移地做大经济总量、做优发展质量。

二是多元发展、挖掘潜力。新常态需要新业态。我们要紧跟形势任务变化，把培育新的经济增长点作为应对新常态的重要抓手，在巩固工业经济主导地位的基础上，加快发展文化旅游、金融保险、信息技术等现代服务业，最大限度挖掘市场潜力。尤其是要放手放权，鼓励支持非公经济发展壮大，形成多点开花、多元支撑、多极发展的格局。要更加注重科技创新，推动经济和产业发展由要素驱动、投资驱动向创新驱动转变，努力做到调速不减势、量增效更优。

三是扩大开放、增强动力。这几年，我们在主动融入丝绸之路经济带建设中做了大量工作。下一步，要深入研究、主动对接，“东张西望”、内引外联，加快开放开发步伐，提升城市整体竞争力，更好地发挥在区域中的带动和引领作用。要依托良好产业基础，加快建设面向中西亚地区的工业制品加工出口基地，着力化解产能过剩风险。要加强道路互联互通建设，争取将嘉峪关机场列入国家口岸发展规划，打造辐射周边、联通中亚的航空枢纽，为建设丝绸之路经济带战略节点城市提供重要支撑。

四是市场主导、释放活力。十八届三中全会以来，我们采取一系列有力有效举措推进改革，共识不断凝聚，效果正在显现，但激发改革动力、释放发展活力的任务还很艰巨。要按照市场要活、创新要实、政策要宽的要求，继续做好行政审批的接、管、放工作，把该放的领域全部放开，把潜在的需求激发出来，更好地发挥市场在资源配置中的决定性作用。要按照中央精神和省委部署，探索建立权力清单、责任清单和负面清单，让“法无授权不可为”“法定责任必须为”“法无禁止皆可为”成为常态和共识。

五是民生优先、凝聚合力。让群众过上幸福美好的生活，是我们最大的责任。要牢固树立民生优先的理念，准确把握经济社会发展和改善群众生活的结合点，主动回应好、解决好群众的所思所盼。要把更多的人力物力财力投向基层最需要的地方、投向群众最关心的事情，满腔热情地做好民生工作，真正把群众的期盼变成我们的行动，把群众的希望变成生活的现实。

三、多措并举推动全面发展

当前，推动经济社会发展的任务艰巨繁重，各项工作千头万绪。我们既要统筹兼顾、协调推进，也要科学把握、抓主抓重，在促改革、稳增长、转方式、惠民生上不断取得实实在在的成效。

（一）始终突出问题导向，纵深推进全面深化改革。准确把握中央和省委关于全面深化改革的各项部署，吃透摸清陆续出台的改革方案，尽快形成具体可行的实施细则，力争成熟一项推进一项。着眼问题倒逼，突出经济发展的关键环节和依法治理等重点领域，明确优先次序，注重以点带面，力争各项改革实现新突破。迅速启动已确定的改革事项，从老百姓最期盼的领域改起，从制约发展最突出的问题改起，确保深化改革工作有力有序推进。

（二）坚持质量效益并重，加快工业经济转型升级。坚持改造提升传统产业和培育壮大战略新兴产业并举，调整存量与做优增量并重，全力支持酒钢集团公司做大做强，集中力量实施好1000万吨煤炭分质利用项目，推动嘉北新区煤电铝一体化建设取得新进展，进一步提升企业核心竞争力和抗风险能力。围绕建设千亿级煤电冶加装循环经济产业链，优先发展优质钢铁、铝制品深加工、新能源及装备制造等产业，加快电力外送通道和本地消纳体系建设，提高新能源市场转化率。加大招商引资力度，完善工业园区产业体系和基础设施网络，发挥好承接产业转移、促进集群发展功能。

（三）放大文化旅游效应，提升第三产业发展比重。随着华强方特欢乐世界正式运营，观礼古镇一期、关城本体保护工程的陆续完工，我市将迎来旅游大发展的新时代。要做好充分准备，提前宣传推介，整合文化旅游资源，加强基础设施建设，全面增强旅游接待和综合服务保障能力。加快其他重点文化项目建设进度，进一步丰富文化旅游业态，培育开发新的旅游线路和产品，提升文化旅游产业效益。加快天空之城、富力国际等重点商贸项目建设，优化商业布局，改善消费环境，培育消费热点，带动第三产业比重进一步提升。

（四）注重统筹城乡发展，全面推进新型城镇化建设。围绕有特色、可持续、高水平的新型城镇化建设，立足南市区功能定位和发展前景，加强商业、餐饮、公共服务等配套设施建设，增强支撑全市发展的综合承载能力。继续加大对农村基础设施、人居环境、公共服务等方面的投入，努力建设美丽乡村。依托正大新农村合作示范基地，以“一村一品”为切入点，引导农村土地向种植大户、龙头企业、专业合作社流转，集中发展特色优势产业。探索建立农业转移人口市民化成本分担机制、多元化可持续的投融资机制，建设适应现代农业发展的高素质农民队伍，推动以人为核心的新型城镇化建设。

（五）坚持生态立市战略，持之以恒改善人居环境。更加突出生态建设在“五位一体”布局中的重要地位，继续实施一批重大生态项目，积极创建国家园林城市。推进“天蓝、水秀、城绿、人和”的全域生态工程，抓好讨赖河、新城草湖等重点区域生态治理，新增改造一批临街亲民的景观花园，形成由城到乡、增点扩面、全面覆盖的立体化格局。加快循环经济建设，发展节能环保产业，下大力气抓好大气污染防治和城乡环境综合整治。倡导生态文明、低碳环保、绿色发展理念，努力形成全社会共建、共治、共享生态文明的良好氛围。

（六）着力保障改善民生，保持社会大局和谐稳定。坚持财政向民生倾斜，紧盯涉及群众切身利益的问题，全力办好省市惠民实事。夯实就业这个民生之本，认真落实好就业再就业政策，不断拓宽城乡居民增收渠道。实施城乡学校标准化建设和设施提升工程，进一步优化医疗卫生资源布局，加快市第一人民医院和市中医院新建，加强保障性安居工程建设和棚户区改造。创新社会治理，实施平安建设工程，扩大城乡标准化社区覆盖范围，推动社区更好地服务基层群众。强化社会矛盾纠纷排查化解，加强食品药品和安全生产监管，全力维护社会和谐稳定。

四、着力提升做好经济工作的能力和水平

新常态不仅是挑战，更是机遇。对嘉峪关而言，关键是把握好基本特征，放大正面效应，不断增强做好新常态下经济工作的能动性和预见性。用新观念审视新机遇，主动适应新形势，保持战略定力，把功夫用在打基础、利长远、增后劲上，努力实现更有质量、更有效益、更可持续的发展。用新能力掌控新常态，既履行好领导经济工作的职能，又树立法治思维，提升领导经济工作的法治化水平，始终用法治方式调控经济、推动改革、促进和谐。用新状态创造新业绩，发扬崇尚实干、狠抓落实的作风，增强服务意识，加强协调配合，提升工作效能，把主要心思和精力用在全面深化改革、加强法治建设、推动转型跨越上来。用新风气保障新发展，认真落实党委主体责任和纪委监督责任，始终保持高压态势，持续遏制不正之风和腐败现象，打好作风建设这场攻坚战和持久战，为“十二五”圆满收官营造风清气正的良好环境。

腾飞

抓住发展机遇 发挥比较优势 着力打造丝绸之路经济带战略节点城市

市委书记　郑亚军

习近平总书记“一带一路”战略提出后，嘉峪关全面深刻理解中央和省委加快经济带建设的总体部署，不断深化市情认识，进一步明确参与经济带建设的思路定位，在经济带建设中取得了实质性进展。下一步，嘉峪关必须积极抢抓这一重大历史机遇，以战略的思维、发展的眼光，更加主动地参与经济带建设，力争依托经济带建设实现更好更快发展。

一、嘉峪关基本情况

嘉峪关自古以来是中原王朝与西域诸国通商的重要通道，大量的丝绸、瓷器、草药、香料等商品均经由嘉峪关中转，源源不断输送到中亚、西亚、欧洲各国，嘉峪关发挥了重要物资和商品集散地的作用。嘉峪关也是长城文化与丝路文化、中原文化与西域文化交汇的重要区域，鲜卑、回纥、党项、吐蕃、蒙古等民族曾在这里迁徙繁衍，推动了欧亚大陆的繁荣发展。可以说，古代的嘉峪关是一个集商贸流通、文化交流、军事防御于一体的边塞重镇，是中西交往的必经之地。

嘉峪关市境内有世界文化遗产“天下第一雄关”—嘉峪关、“地下画廊”魏晋墓群、西部八达岭之称的悬壁长城、亚洲距城市最近的“七一”冰川等著名文物古迹和景区景点，还有近年来新建的东湖生态旅游园区、紫轩葡萄酒庄园、迎宾湖生态旅游园区等4A、3A级旅游景区和嘉峪关大剧院、长城博物馆等一批人文景观和大型公共文化设施。特别是华强方特欢乐世界，是华强集团在西北地区布局的唯一一个文化产业基地，将在今年“五一”开园，届时将吸引来自青海、内蒙、新疆等地的大量游客，带动年新增旅游人数200万人次以上，将成为经济带上新的旅游热点。

嘉峪关市交通区位优势明显，是新亚欧大陆桥上的交通要冲，也是甘肃向东承接产业转移的重要基地、向西拓展区域协作的桥头堡。嘉峪关火车站是河西走廊最大的铁路枢纽编组站；兰新高铁已于2014年全线贯通，极大地缩短了嘉峪关与沿线地区的距离。嘉峪关机场是国际紧急迫降机场，已开通到北京、天津、上海、成都、西安、乌鲁木齐等地的16条航线，连霍高速公路纵贯全境，已形成立体交通格局，区域交通枢纽的地位非常明显。

嘉峪关市作为西北地区重要的钢铁工业基地，在产业发展上与中西亚国家具有高度的互补性，在煤炭、钢铁等方面具有广阔的合作前景。特别是酒钢公司已与中西亚国家多家矿业公司签订了资源能源战略合作协议，建立了稳定的合作关系。目前，嘉峪关正在着力打造新能源基地，在发展风电、光电产业方面拥有先进技术和丰富经验。同时，我国大型核工业联合企业中核四〇四有限公司的生活基地和科研基地设在嘉峪关，这里聚集了许多专业技术人才，必将为深化与中西亚国家新能源、民用核技术等多领域合作，提供更加广阔的空间。

钢城夜色

二、嘉峪关参与经济带建设的主要做法

我们抓住丝绸之路经济带建设的重大机遇，依托交通区位优势、产业基础和资源禀赋，以打造丝绸之路经济带黄金段战略节点城市为切入点，主动融入丝绸之路经济带建设，不断深化区域合作，着力提升资源统筹能力，加快向西开放步伐，为经济社会持续健康发展提供了有力支撑。

一是研究政策主动对接。我们认真研究省上《丝绸之路经济带甘肃段建设总体方案》，用足用活省上建设国家循环经济示范区、华夏文明传承创新区、生态安全屏障综合实验区等利好政策机遇，积极争取国家和省上在钢铁冶金、装备制造、文化产业、生态建设等方面的政策支持，为推进丝绸之路经济带建设创造了更多有利条件。2014 年，省委、省政府批复了我市《千亿级煤电冶加装循环经济产业链实施方案》，将规划建设总投资 1757 亿元的 80 个重点项目，为打造我省向西开放桥头堡注入了强劲动力。我们主动向西找政策、拓资源，与新疆哈密和吐鲁番、青海西宁、内蒙古额济纳旗等地，建立了协作机制，强化了产业对接，

方特欢乐世界之方特城堡

方特欢乐世界之海螺湾

拓宽了合作领域，共同推动丝绸之路经济带建设。

二是加快工业转型升级。我们深入推进工业强市战略，把调整优化产业结构、提升工业经济竞争力作为向西开放的重要抓手，重点实施了优势主导产业延伸、战略新兴产业增量、工业园区扩容升级三大行动。改造提升传统优势产业，全力支持酒钢多元发展，投入974亿元实施了循环经济、结构调整和嘉北新区煤电铝产业园等重点项目。2014年5月，支持酒钢与新疆广汇共建3000万吨煤炭分质利用项目，实现了向西产业合作的重大突破，其中一期1000万吨煤炭分质利用项目进展顺利。壮大园区经济，加快推进嘉东装备制造、嘉北循环经济、嘉西光伏产业、酒钢新区铝产业4个百亿元园区扩容升级，2014年嘉峪关工业园区实现总产值285亿元，位居甘肃省省级开发区首位，获批国家新型工业化产业示范基地，成为甘肃省唯一一家国家低碳工业园区。

三是促进文化旅游融合发展。我们发挥丝路文化、长城文化和边塞文化等历史文化资源富集优势，实施了世界文化遗产保护工程、华强方特欢乐世界、观礼古镇、丝绸之路非物质文化遗产古镇和边关第一镇等带动力强的文化旅游产业项目，总投资超过150亿元的文化产业园初具规模，为扩大与周边及中亚地区的文化旅游合作打下了基础。成功举办国际铁人三项赛、“丝路明珠嘉峪关”国际旅游电视宣传片大赛等节会赛事，提升了在丝绸之路沿线国家和地区的知名度。加强旅游基础设施建设，成功创建旅游标准化示范城市，旅游接待能力进一步提升。强化与周边区域的合作，共同培育精品丝路品牌，共同宣传文化旅游资源，努力打造辐射中西亚地区的旅游目的地。近三年我市每年旅游人数增幅都超过30%，2014年旅游人数超过460万人次，旅游收入增长26%，文化产业增加值增长28%。

四是着力加强生态建设。我们把加强生态建设作为打造丝绸之路经济带战略节点城市的重要支撑，在项目上优先安排、资金上优先保障。深入实施生态立市战略，积极创建国家园林城市，从2010年开始，每年都投入2亿元以上开展重点区域绿化，实施了“两湖一河”园林景观、南湖文化生态园、讨赖河大峡谷国家地质公园、新城草湖国家级湿地公园等一批重大项目建设，城区绿化覆盖率38.8%，人均水域面积23平方米。在旧城区改造和新区开发中，做到了道路延伸到哪里、绿化就跟进到哪里，积极推进城市园林化、道路林带化、小区景观化，宜居宜业宜游的城市品牌初步形成。

晨曦

五是不断扩大开放开发。我们积极承接产业转移，借助文博会、兰洽会等平台开展产业招商、园区招商、商会招商等活动，引进了华电新能源、上海航天机电、新疆广汇等大型企业，实施了一批带动力强、成长性好的产业项目。主动融入河西走廊开放型经济交融带，加强与周边地区的合作，加快区域开放开发进程，在优势互补、差异化发展上取得新进展。鼓励物流企业组建联合物流集团，支持物流企业与运输、仓储、货代、联运、集装箱运输等企业协作，经济带物流大通道的作用进一步显现。

三、嘉峪关在丝绸之路经济带建设中的角色定位

习近平总书记提出的“一带一路”重大战略构想，是党中央、国务院在科学审视、准确把握国内外发展大势的基础上，高瞻远瞩做出的一项具有战略性、全局性的重要决策部署，对我国构建开放型经济新体制、全面形成全方位对外开放新格局，全面加快建设小康社会、实现中华民族伟大复兴中国梦，具有重大而深远的意义。在这一大背景下，沿线各省区纷纷加快融入步伐，甘肃省也提出要打造丝绸之路经济带黄金段。我们按照国家“一带一路”战略构想和省委、省政府的决策部署，依托区位优势，找准战略定位，抓住发展机遇，确定了要把嘉峪关打造成为丝绸之路经济带黄金段战略节点城市的目标定位。主要是建设“两基地、一中心、一枢纽”：

一是面向中亚地区的工业制品加工出口基地。加快工业转型升级，深化与沿线地区和国家在能源、机械制造、化工等领域的合作，拓展外部市场，提高重点企业资源掌控能力，促进优势产业跨地区、跨所有制合作，提升区域产业辐射能力和抗风险能力。

二是连接中亚国家的蔬菜和食品加工输转基地。利用设施农业、精品农业发展水平较高的优势，依托正大新农村现代农牧产业化基地和周边农业企业，与中亚国家建立农业合作关系，通过中转、加工、运输，将自产特色精品蔬菜和国内其他农产品输转到中亚国家。

三是体现古丝绸之路民俗风情的旅游集散中心。积极开发与古丝绸之路相关联的文化遗产、文物古迹、民俗艺术等存量文化旅游资源，利用情景再现、复古还原、修旧如故等手段，建设丝绸之路非物质文化遗产古镇，重现丝绸之路的繁荣景象，使之成为体现古丝绸之路历史风貌和民俗风情的精彩缩影，成为中西亚各国、周边省区文化研究考察和游客观光的目的地。

四是辐射周边、联通中亚的交通物流枢纽。依托嘉峪关国际机场，积极打造“空中丝绸之路”，争取开辟至中亚、西亚、东南亚国家的航线，建成河西走廊重要的国际口岸机场。围绕大交通、大园区发展大物流，争取设立海关特殊监管区和综合保税中心，构建省内城际物流配送、西北区域物流集运、国际联运通道

三大物流平台。

四、嘉峪关要在丝绸之路经济带建设中展现新作为

我们将认真贯彻落实习近平总书记关于建设丝绸之路经济带的新要求，主动适应新常态、抢抓新机遇，从历史、现实的结合上找准切入点和突破点，加快推进与沿线城市及中西亚地区的合作交流，充分发挥在经济带建设中承东接西、互联互通的重要作用，着力打造丝绸之路经济带黄金段重要战略节点城市。

一是加强产业互通。我们将依托钢铁优势产业，加快发展工程机械、不锈钢制品、冶金铸件、钢结构、新能源装备等先进制造业，引进更多的铝制品深加工项目，建成产能配套、体系完整的铝产业链条，为与中西亚国家进行更深次的产业合作提供支撑。以目前正在实施的3000万吨煤炭分质利用项目为核心，大力引进上下游配套的煤化工产业链，培育煤化工产业集群，扩大循环经济发展规模，打造嘉峪关实体经济升级版。

二是加快贸易畅通。我们将加快“走出去、引进来”步伐，支持酒钢等重点企业统筹利用国内外两个市场、两种资源，参与中西亚地区资源能源开发利用，做好资源储备保障工作。鼓励装备制造企业与中西亚国家开展产品和技术合作，提升产品市场占有率，进一步拓展向西开放的广度和深度。围绕保税加工、保税物流、进出口贸易等业务，加快嘉峪关国际港务区建设，力争实现与天津、连云港、霍尔果斯、策克等口岸的便捷连接，打造西部地区陆路口岸和扩大开放平台。

三是推进设施联通。我们将按照巩固东西、拓展南北的“大交通”理念，加快构建立体现代交通网络。完善公路运输体系，建设到周边城市的高等级公路，实施312国道绕城公路、省道215线提级改造等项目，形成贯通周边的公路网络。完善铁路系统建设，增开至旅游热点城市的专列，争取开通更多至省会城市的直达列车。同时，建议国家加大对西部地区交通基础设施的支持力度，建设嘉峪关—青海天骏铁路，打通嘉峪关向南铁路运输线，形成北连蒙古、西接兰新、南通青藏的输送通道。建议将嘉峪关机场列入全国重点备降机场改扩建工程，设立国际航空口岸和检查检验机构，开展城市值机、候机和航空物流服务。

四是促进文化融通。我们将依托丰富的文化旅游资源，传承保护好长城文化、魏晋文化、丝路文化和西域文化遗迹，积极做好魏晋墓壁画的申遗工作，进一步增强文化旅游吸引力和辐射力。强化政策项目对接，联合经济带沿线各国和周边

地区开展全方位旅游合作，积极开发旅游线路，构建资源共享、品牌共建、联动发展的区域旅游大景区，合力打造丝绸之路国际文化旅游品牌。加强对外文化交流合作，促进沿线各国文化融合、民心相通，努力传播好中国声音，展示好中国形象，为我国走向世界、与世界互联互通做出应有的贡献。

以“四个全面”统揽发展全局 为建设幸福美好新甘肃做出新贡献

市委书记　郑亚军

党的十八大以来，以习近平同志为总书记的党中央从坚持和发展中国特色社会主义全局出发，提出并形成了全面建成小康社会、全面深化改革、全面依法治国、全面从严治党的“四个全面”战略布局，集中体现了以习近平同志为总书记的党中央治国理政的战略思想，对我们做好各项工作，具有重大的统领指导意义。

一、对“四个全面”战略布局的认识

第一，“四个全面”是治国理政的方针方略，具有典型的实践性。“四个全面”是从我们党直面现实问题、推动改革发展稳定的生动实践中得出来的，是对十八大精神的延伸和发展，也是对十八届三中、四中全会精神的凝炼和升华，是新时期我们党治党治国治军的战略指引。尤其是我国发展步入新常态，各种新情况新问题相互交织、牵动面广，迫切需要一整套有机联系、统领全局的顶层设计，推进国家治理体系与治理能力现代化。“四个全面”对如何实现全面小康、如何改革、怎样治国、怎么管党等问题，从理论和实践的结合上做出了科学回答，其中蕴含的立场、观点和方法，为我们破解各种难题、做好各项工作提供了总方略和总抓手。

第二，“四个全面”是指引发展的思想灯塔，具有严谨的逻辑性。通观“四个全面”，每个“全面”都是一整套结合实际、独具特色的思想系统，彼此之间又相辅相成、相互促进，形成了辩证统一的有机整体。全面建成小康社会，是实现中华民族伟大复兴中国梦的阶段性目标，具有战略统领和目标牵引作用。全面深化改革和全面依法治国，一个是发动机，一个是稳压器，共同支撑和推动奋斗目标的实现。党的领导是强劲有力的火车头，只有全面从严治党，锻造坚强领导核心，才能带领中国这趟快车向着目标前行。这“四个全面”与“五位一体”总体布局相衔接、相呼应，统领着改革发展稳定和党的建设的方方面面。

第三，“四个全面”是民族复兴的支撑基石，具有鲜明的时代性。民族复兴是当代中国的最强音，承载着中华儿女的共同梦想。以习近平同志为总书记的新一届中央领导集体，立足中国特色社会主义新的历史方位，提出了具有全局意义、时代特色的“四个全面”战略布局，体现了两个一百年奋斗目标和中国特色社会主义实践发展阶段性、连续性的有机统一，使“中国梦”的底色更加深厚。这一战略布局，顺应了当今社会发展潮流和世界变革趋势，体现时代性、富有规律性、饱含创造性，是我们党治国理政的大手笔，引领现代化建设的大智慧，国家长远发展的大思路，为我们在实现中国梦的征程上阔步前行，奠定了坚实基础。

第四，“四个全面”是集聚民意的智慧结晶，具有深厚的人民性。“四个全面”战略布局，每个“全面”都来源于人民群众的热切期盼，坚持了马克思主义的群众立场和群众观点，把人民利益放在了最高的位置。正如习总书记所说，全面建成小康社会连着人民幸福，全面深化改革要增加人民的获得感，全面依法治国要使人民群众在每一个司法案件中都能感受到公平正义，全面从严治党要密切党同人民群众的血肉联系。应该说，“四个全面”饱含着以习近平同志为总书记的党中央对人民的深厚感情，折射出“人民对美好生活的向往，就是我们的奋斗目标”的宗旨信念，从最接地气、最贴民心的角度鼓舞了亿万中国人民的奋斗热情。

“四个全面”战略布局是马克思主义中国化的理论创新和实践创新，深化了中国特色社会主义发展目标和发展战略，为中国特色社会主义理论体系注入了新思想、新内涵。它丰富了马克思主义的政党学说，习总书记提出的“坚持思想建党和制度治党相结合”“始终把抓好党建作为最大的政绩”等论述，推行八项规定、开展群众路线教育实践活动等实践，尤其是从“严”字入手，时刻提醒全党清醒认识面临的“四大危险”、经受的“四大考验”、始终保持“四个自我”，把我们党对执政规律的认识上升到了新的高度；完善了中国特色社会主义法治理论，“法治是治国理政的基本方式”“建设法治中国，必须坚持依法治国、依法执政、依法行政共同推进，坚持法治国家、法治政府、法治社会一体建设”，习总书记的这些重要论断，表明了我们党对法治建设有了完整系统的规划，把我们党对国家治理规律的认识升华到了新的境界；体现了中国特色社会主义的目标和方向，“四个全面”包括全面建成小康社会这一战略目标，也明确了深化改革、依法治国、从严治党这三大实现路径，既有目标又有举措，既有全局又有重点，表明了我们党对社会主义发展规律的认识提升到了新的水平。

二、以“四个全面”统揽总领发展全局

一是在全面建成小康社会方面，牢牢抓住发展第一要务不动摇，协调推进经济、政治、文化、社会和生态建设，加快构建经济社会发展的新常态。

全面建成小康社会，对嘉峪关来说，归根到底是破解发展难题、加快转型发展的问题。在经济新常态的大背景下，必须始终以经济建设为中心，抓住发展第一要务不动摇，谋求更高质量、更有效益、更可持续的发展。要以新型工业化、城镇化、信息化、农业现代化和绿色化为根本点，紧紧抓住加快转变发展方式、推进产业结构调整这个关键，坚定不移扩大投资，鼓励全民创新创业，积极培育消费热点，着力推动发展迈向中高端水平。“绿水青山就是金山银山”，必须坚持绿色、低碳、循环的发展理念，宁肯不要钱、也不能要污染；宁肯速度慢一些，也不能以牺牲生态环境为代价，不能走“先污染后治理”的老路。“小康不小康，关键看老乡”，全面小康的短板和难点都在农村。要着力推进精准扶贫，实施好扶贫攻坚行动和双联行动，切实改善困难群众生活，力争所有群众都同步进入全面小康社会。

创新驱动是全面建成小康社会的关键一招，实施创新驱动战略是一项涉及政府、市场、企业、社会的庞大系统工程。对我市来说，要突出大型企业的主体地位，更多地把研发机构建立在企业，把创新资源集聚到企业，把科技服务覆盖到企业，打造具有核心竞争力的创新型企业。要发挥科研院所密集的优势，探索建立“企业出题、政府立题、协同破题”的产学研合作创新机制，将制约产业转型升级的突出问题理清楚，交给科研机构去攻关，突破技术瓶颈，最终将科研成果转化为企业的生产力，实现科研开发优势与生产经营优势的互补。尤其是要强化高新技术产业园、科技成果孵化基地等创新示范区建设，发挥好引领和集聚功能，打造区域创新高地，加快推动创新型城市建设。

二是在全面深化改革方面，以群众获得感为重要标尺，打通“最先一公里”

和“最后一公里”，坚定不移推动改革措施落地。

当前，全面深化改革已从方案准备转向落地攻坚，面对的大多是难啃的硬骨头，激发改革动力、释放发展活力的任务还很艰巨。要紧盯中央的路线图和时间表，以省委《重大改革举措实施规划》确定的改革事项为重点，上下联动，全要素配合，抓铁有痕、创新进取地推进改革，向改革要动力、要活力，向改革要质量、要效益，真正让人民群众感受到改革带来的新气象、新变化，享受到改革发展的新成果、新红利。

改革是由问题倒逼产生的，又在解决问题的过程中不断深化。我们要坚持问题导向和为民取向，紧紧围绕转变政府职能、释放市场活力、加强社会治理等事关我市长远发展的重大问题，围绕企业融资难、群众办事难、“玻璃门、弹簧门、旋转门”等影响发展的难点问题，哪里问题突出就集中解决哪里，群众期盼什么就优先改革什么，坚决打通全面深化改革的“最后一公里”。围绕更好发挥市场在资源配置中的决定性作用，进一步减少投资和市场经营活动方面的行政审批事项，继续做好调整、取消和下放工作，把该放的领域放开，把该管的事情管好，真正为市场主体松绑、为经营活动减负、为经济发展加力。加快建立“三张清单一张网”，厘清责任主体，约束权力运行，把能做什么、不能做什么、必须做什么理清楚、弄明白，让“法无授权不可为”“法定责任必须为”成为常态。尤其是要把重要领域和关键环节作为突破口，在牵一发动全身的关键点上集中发力，推出一批群众关注度高、社会影响面大、带动效应明显的改革举措，真正以改革红利增强发展动力，以改革突破推动转型升级。

三是在全面依法治国方面，坚定法治信仰，维护法治权威，使各项决策决定、改革措施和施政行为在法律框架内运行，做到依法决策、依法施政、依法规范社会行为。

作为“四个全面”战略布局的内容之一，法治建设水平关系全面小康的实现程度，各项改革需要法治提供依据并划定边界，只有依法治党才能有效建党，法治在“四个全面”中发挥着基础保障和高效促进的双重作用。必须把法治建设作为经济社会发展的有力支撑，用法治方式解决群众关心的热点难点问题，以法治思维维护社会公平正义，从四个层面推进法治甘肃建设。

推进科学立法。今年的全国两会，全国人大审议通过了《立法法修正案》，这是立法法实施15年来的首次修改，尤其是赋予设区的市地方立法权，成为本次立法法修改的最大亮点。这对我们来说是一个重大机遇，要坚持有效管用、切合实际，在城乡建设管理、生态环境保护、历史文化传承等方面量身制定地方性法规，切实将立法权转化为促进地方发展的强劲推力。严格行政执法。习总书记指出："法律的生命力在于实施，法律的权威也在于实施。"必须充分发挥政府在法治建设中的主导作用，进一步深化行政执法体制改革，推动政府职能、程序和责任的法定化，促进行政行为于法有据，用法治限制和规范行政权力。坚持重心下沉、力量下移，减少执法层级，加强基层执法力量和执法能力建设。维护司法公正。公正是法治的生命线，要深化司法管理体制和司法权力运行机制改革，稳步推进司法责任制、司法人员分类管理等改革事项，破解立案难、审理难、执行难等问题。拓宽群众有效参与司法、监督司法的渠道，提升司法公信力，让每一个群众在每一起司法案件中感受到公平正义。抓好关键少数。领导干部作为法治建设中的"关键少数"，必须始终敬畏法律、依法用权，不干预司法活动，不插手案件处理。牢记法律红线不可逾越、法律底线不可触碰，把依法办事贯穿到履职从政的全过程，把法治理念运用到决策和具体工作中，带头营造办事依法、遇事找法、解决问题用法、化解矛盾靠法的法治环境。

四是在全面从严治党方面，坚持党要管党、从严治党的方针，担当尽责、在党为党、在党忧党、在党兴党，坚决履行主体责任。

党的十八大以来，中央雷厉风行整治"四风"，旗帜鲜明反腐肃贪，查办案件力度之大、惩治腐败范围之广都前所未有，党风政风社风明显好转，从严治党取得了重要的阶段性成果，得到了人民群众的衷心拥护。在全面从严治党的新常态下，我们要坚决贯彻落实习总书记关于党要管党、从严治党的要求，把抓党建作为最大的政绩，将党建工作放在与经济发展同等重要甚至高于经济发展的地位来部署和推进，让抓党建、强党建成为引领各项工作的最大依托和核心抓手。

注重在思想上从严教育管理干部，始终把学习好贯彻好习总书记系列讲话精神，作为首要的政治任务来对待、作为系统的战略思想来把握、作为持续的长期过程来贯彻，引导党员干部坚定信念、增强修养、涵养品德，严守党的政治纪律和政治规矩，在任何时候、任何情况下都与党中央保持高度一致。作风建设永远在路上，必须持之以恒整治"四风"、抵制歪风、培育新风，不折不扣执行中央八项规定和省委"双十条规定"，持续巩固和拓展群众路线教育实践活动成果，严防回头潮、严打出头鸟、严惩害群马，让好作风成为一种信念、一种风尚、一种习惯。全面从严治党需要建在制度上、落到长远处，必须坚持问题导向和任务牵引，做好废旧立新和强化执行两篇文章，让制度的笼子牢之又牢、密之又密。始终维护制度的严肃性和权威性，切实纠正有令不行、有禁不止的行为，使制度成为硬性约束、刚性要求，让所有干部都心有所畏畏于德、言有所戒戒于规、行有所止止于法。坚定不移抓好党风廉政建设，将党委主体责任一竿子插到底，紧盯民生政策落实、征地拆迁、教育卫生、矿产资源开发等重点领域，全面构建风险防控网络，形成不敢腐、不能腐、不易腐的监督制约机制。尤其是要对腐败行为零容忍，不管涉及到谁都不姑息、不手软，坚决维护党纪国法，坚决打赢反腐败这场硬仗。

三、坚定不移地统筹推进“四个全面”

一是把握新机遇。近年来，省委、省政府前瞻谋划、主动争取，国家级循环经济示范区、华夏文明传承创新区、生态安全屏障综合试验区、兰州新区等陆续获批，特别是国家深入实施“一带一路”战略，对我市来说更是千载难逢的重大机遇，这些都已成为支撑我市转型跨越发展的重要战略平台。这里面蕴含的政策措施，指向性很强、含金量很高、扶持力度很大，关键是要用足、用活、用好。要立足我市实际，把政策机遇转化为发展优势，把资源优势转化为经济优势，最大限度发挥战略支撑平台的带动效应，做大文化旅游产业总量，做优经济发展质量，做好生态建设这篇文章，实现借势发展。

二是适应新常态。新常态不仅是挑战，更是机遇。我们现在最重要的是要把握基本特征，放大正面效应，规避风险挑战，以宽广的眼界、前瞻的视野，增强做好新常态下各项工作的能动性和预见性，最大限度化解各种不确定因素。要主动适应环境变化，扬长避短、谋定后动，更好运用新常态下的经济规律，更好驾驭新形势下的经济发展，推动经济工作转到提质增效上来。尤其是要切实转变心态，坚定发展信心，保持战略定力，把功夫用在打基础、利长远、增后劲的关键点上，积极应对产业转型、结构调整等方面出现的新情况，努力实现更有质量、更有效益、更可持续的发展。

三是展示新作为。要保持“持久战”的毅力，我们要对中央、省委确定的决策部署，一种声音喊到底，一门心思干到底，雷厉风行、马上就办、干就干好。要形成“整体战”的合力，紧盯“四个全面”战略布局，调动方方面面的力量，心往一处想、劲往一处使，提升发展的协同性。要增强“攻坚战”的魄力，抓住推进“四个全面”的关键要害，以持续不断、抓铁有痕的决心，迎难而上、稳扎稳打，咬定青山不放松，全力做好经济社会发展各项工作。

认真学习习总书记重要讲话 不断推动人大工作与时俱进

市人大常委会主任　祁永安

习近平总书记在庆祝全国人民代表大会成立60周年大会上发表的重要讲话，运用马克思主义的历史唯物主义和辩证唯物主义观点，对国家政治制度、社会主义民主政治进行了深刻论述，对人民代表大会制度给予了高度评价，也更加坚定了我们坚持和完善人民代表大会制度、进一步加强和改进人大工作的信心和决心。

嘉峪关市是1979年底进行的第一届市人大代表直接选举工作，1980年5月召开了市首届人民代表大会第一次会议，并选举产生了首届市人大常委会。相对于人民代表大会制度建立60周年，嘉峪关市人民代表大会还相对年轻，仅有36年的历史，是伴随着改革开放的脚步走来的。36年来，嘉峪关市人大及其常委会坚持依法履职，积极开拓创新，在促进全市经济社会发展的同时，实现了人大工作、人大自身建设的不断发展完善。嘉峪关市人大取得的工作成效，正是我国人民代表大会制度优越性的小小缩影，充分表明了人民代表大会制度是适合我国国情、保证人民当家作主的好制度。在全面深化改革、全面建成小康社会、实现中华民族伟大复兴的新征程中，必须要进一步坚持、发展和完善好人民代表大会制度，并通过加强和改进人大工作使我们的根本制度更加完善，让制度的优越性得到更充分的体现。

一、正确认识根本政治制度，增强制度自信

习近平总书记强调：“设计和发展国家政治制度，必须注重历史和现实、理论和实践、形式和内容的有机统一。”我国的政治制度，正是源于对中国历史和传统文化的传承，是我们党领导人民在革命、建设和改革开放的实践中探索、建立和逐步发展完善起来的，是符合我国历史传承和现实国情的，是深深扎根于中国土壤、符合全体中国人民意志的。作为我国根本政治制度的人民代表大会制度，是我们党保证人民当家作主的制度选择，是中国特色社会主义制度的重要组成部分。人民代表大会制度的建立、发展和进一步完善，是中国人民对人类政治制度史的伟大贡献，也为世界上其他国家人民寻找符合该国国情的政治制度提供了新的选择。我国的人民代表大会制度优越性已在经济社会的发展成果中得到了充分体现，无容质疑、不容否定。任何一种制度的发展完善都需要一个过程，虽然在现实中，人大的地位和作用与制度的设计、群众的要求还有些差距，但这正是一种新型政治制度发展、完善的必然经历。正因为人民代表大会制度在国家政治制度中具有根本性，因此我们必须尊重制度发展的客观规律，不能急于求成，而是必须保持定力、坚定自信，在全面深化改革中稳步推进。

二、坚持党的领导，推动人大工作与时俱进

习近平总书记指出：“制度自信不是自视清高、自我满足，更不是裹足不前、固步自封，而是要把坚持制度自信和不断改革创新统一起来。”人民代表大会制度作为中国特色社会主义制度的重要组成部分，作为中国乃至世界政治发展史上具有划时代意义的新型政治制度，更需要在改革创新中不断发展完善，需要在与时俱进推进人大工作的实践中去探索、总结、积累、升华、提高，这是时代赋予我们这一代人大工作者的历史使命。在与时俱进地加强和改进人大工作中，我们必须坚持继承和发展，尊重历史和现实，发挥党在总览全局、协调各方、深化改革中的领导核心作用，紧紧在党的领导下对人大工作进行改革创新。在具体实践中，对人大工作的重大事项、对人大工作中的创新举措，都要以宪法法律为依据，并向同级党委请示汇报，把坚持党的领导放在第一位，保证人大工作的发展始终沿着正确的政治方向不断前行。

三、强化人大监督，推进社会主义法治建设

习近平总书记指出："必须坚持把依法治国作为党领导人民治理国家的基本方略，把法治作为治国理政的基本要求。""要通过人民代表大会制度，弘扬社会主义法治精神。"人大及其常委会要担负起宪法法律赋予的监督职责，维护国家法制统一、尊严、权威。在调研视察，特别是执法检查中，就要加强对"一府两院"在依法行政、严格执法、公正司法方面的监督，保证宪法法律、行政法规和上级人大及其常委会决议在本行政区域内得到遵守和执行。要通过加强和改进监督方式，运用好专题询问、质询、特定问题调查等更多监督手段，增强"一府两院"的社会主义法治理念，通过依法行政、公正司法，让经济社会在法制轨道上健康运行，使发展始终兼顾经济效益和社会效益、兼顾近期利益和长远利益，实现经济社会的可持续发展。嘉峪关市没有立法权，但在开门立法的过程中，也有参与全国人大、省人大立法的机会。我们在承担上级人大法规修订、立法草案的意见征求的责任时，就要组织好征求意见会，结合人大监督中掌握的本地相关工作情况和法律法规执行情况，提出有建设性的意见建议，为社会主义法制的完善做出贡献。

四、发扬人民民主，保障人民当家作主权益

习近平总书记指出："人民民主是社会主义的生命。"人民通过人民代表大会制度行使当家作主的权利，是实现人民民主的重要形式，是社会主义民主政治的本质和核心。代表的直接选举，是人大工作中发扬人民民主的最直接形式，要充分尊重选民的选举权和被选举权，支持和保障他们按照自己意愿，依法平等行使民主权利。在人大工作的调研、视察、执法检查中，也要充分发扬人民民主，深入群众，听民声、集民情、聚民智，把群众的智慧和意志融入到审议意见、决议决定和选举任免中。在审议、表决中，要坚持集体行使职权，坚持少数服从多数的原则，严格遵守提出议案、通过表决方面关于与会人数、赞成人数的法律规定，确保人大代表和常委会组成人员拥有平等的一票，把民主精神体现到人大工作的每个环节。

五、密切联系群众，促进代表作用充分发挥

习近平总书记指出："人民代表大会制度之所以具有强大生命力和显著优越性，关键在于它深深根植于人民中。"这种"根植"，一方面在于人大代表是人民通过直接或间接的选举决定的，人大代表来自选民中间，又融于选民中间；另一方面，要真正代表人民，仅靠这"来自"和"融于"还远远不够。就嘉峪关市来说，30万人口，16万多选民，仅有175名市人大代表，近千名选民中才能产生一名代表。因此，要代表人民行使好权利，就需要每位代表立足选区又不囿于选区，在本行政区范围内，主动联系选民、联系群众，才能掌握真实的民情民意，才能保证在依法行使权利时忠实地代表人民，正确地表达人民的意志。当前，对我省来说，有了双联"人大代表在行动"这个新的实践载体，有了"人大代表之家"这个新的活动平台，我们应用好这个载体和平台，增强群众观念，践行群众路线，加强与群众的密切联系。而作为常委会组成人员，特别是主任、副主任、秘书长，是代表中的代表，更要身先士卒、率先垂范，认真落实"双联系"制度，加强同人大代表、人民群众的联系，以实际行动引领、带动代表，形成代表联系群众的良好态势，切实增强代表在行使权力、发挥作用时的民意基础。

把握宏观形势　推动科学发展

市委副书记、市长　柳　鹏

2015 年是全面深化改革的关键之年，是全面推进依法治国的开局之年，也是全面落实“十二五”规划的收官之年。做好今年的经济社会发展工作，必须认真研判国内外经济形势和国家宏观政策取向，深刻认识经济发展新常态下阶段性特征，紧紧把握政策机遇，加大力度推进改革开放、结构调整、城镇化建设和民生保障等各项工作。

一、在用足用活政策上取得新成效

中央经济工作会议明确指出，今年国家将继续实施积极的财政政策，财政资金将重点用于保障和改善民生，进一步加大对农村和中西部地区重大基础设施的投入。近年来，我市围绕两条千亿级产业链作文章，工业基础和产业耦合程度形成了一定优势，支撑了工业园区的快速发展；以文化旅游业为龙头的第三产业，发展的基础和条件比较优越，潜力巨大。要从深入研究和吃透政策入手，努力将国家的政策支持，转化为具体的项目和投入，找准和国家政策的对接点，加大项目和资金争取力度。要积极创新投融资方式，努力探索通过发行债券、吸收社会资本参股、扩大准入等方式，引导和鼓励民间资金参与项目建设。支持有条件的企业继续扩大直接融资，为企业发展提供多渠道、多方式的资金保障。相关部门要认真做好项目的协调服务工作，严格项目环境准入，强化源头管理。继续对工业园区基础设施进行提升改造，优化产业布局，增强工业园区可持续发展能力。

二、在深化改革上实现新突破

按照中央、省委和市委的安排部署，始终坚持问题导向，继续推进政府机构改革，深化行政审批制度改革，进一步明确政府权利、部门职责，切实做到法无授权不可为，法无禁止皆可为，法定职责必须为。继续推进经济领域各项改革，全力支持酒钢公司综合改革试点工作，推动企业转型升级发展。全面落实注册登记、产业准入、结构性减税等改革措施，鼓励企业发展。推动农村土地承包经营权流转向组织化、规范化、市场化方向发展，加快完善农村基本经营制度。加快社会信用体系建设，推进政府信息共享，对违背市场竞争原则和侵害消费者权益的企业，建立完善黑名单制度，让失信者寸步难行，让守信者一路畅通。

三、在转方式调结构上迈上新台阶

继续推进“3341”项目工程，加快重大项目建设，力争使今年计划实施的60个重点项目全部落实。在推进工业转型升级方面，加快推进1000万吨煤炭分质利用、中威斯高精冶金新材料二期、索通34万吨预焙阳极、广银30万吨工业铝模板等项目，加快原材料产业向制造业转型升级。加快110千伏汇集升压站建设进度，着力解决电力送出制约瓶颈，推进嘉西光伏产业园加快发展。在推动文化旅游产业发展方面，提前做好营销策划和各项保障工作，确保方特欢乐世界主题公园在五一前开业运营，并实现开门红。鼓励农村居民发展星级农家乐、家庭旅馆等行业，相关部门要研究出台扶持政策，力争在短期内见到成效。坚持旅游优先发展战略，积极抢抓高铁开通和方特欢乐世界开业的有利时机，深入开展“旅游提升年”活动，着力在完善基础设施、提升服务水平上下功夫，特别要加强导游等旅游从业人员的培训和管理。在促进现代服务业加快发

▼节日彩霞

展方面，优化公立医院布局，鼓励社会办医，加快推进医师多点执业。深化公共资源配置市场化改革，大力推行政府向社会购买服务。加快培育物联网、电子商务、现代物流、文化创意等新型业态，带动传统服务业转型升级。进一步发挥“助保贷”“文银通”作用，为企业创新和中小企业发展“施肥增养”。在推进农业结构调整方面，鼓励工商资本进入农业领域，针对农户个人建立担保机制，扶持发展一批家庭农场，提升农业产业化发展水平。

四、在城乡建设上取得新进展

始终坚持规划先行，积极推进国民经济和社会发展规划、城乡规划、土地利用规划、生态环境保护规划、新型城镇化试点规划、美丽乡村规划、旅游规划等“多规合一”，实现各类规划有效衔接。继续完善城市功能，抓好南市区集中供热、供排水、道路、高压线路迁移等项目建设，扎实推进老市区环境整治、棚户区改造、农村危旧房屋改造等惠民工程，进一步优化人居环境。加快推进综合交通枢纽等道路交通项目建设，进一步提高道路通行能力。继续加大物业管理、市容市貌、交通秩序、市场环境等重点领域监督力度，着力构建网格化、信息化、数字化城市管理机制，不断提高城市管理水平。积极推进光网提速工程，打造甘肃省首个“全光网城市”。深入推进农村人居环境整治，抓好峪泉镇新型城镇化试点、美丽乡村示范村建设，着力打造宜居秀美的美丽乡村。持续改善生态环境，继续推进庭院绿化、景观道路、城乡绿化一体化建设工程，积极创建国家园林城市。继续下大力气抓好大气污染治理，加大节能减排力度，以最严格的举措进一步提升全市环境质量。

五、在增进民生福祉上实现新提高

继续加大民生方面的投入，逐年提高民生支出比例，不断提升人民群众的生活质量和水平。全力稳定就业，完善扶持创业的优惠政策，强化就业技能和职业技能培训，提高劳动者就业能力，确保城镇新增就业人数0.75万人，城镇登记失业率控制在2.7%以内。加强社会保障，进一步完善大病医疗救助制度、加大临时救助力度，改进异地就医结算管理服务，通过企业年金、职业年金等补充社会保险，加强社会保障多层次体系建设。统筹发展社会事业，不断优化教学环境，尤其是加快发展现代职业教育，满足经济社会发展对技术技能人才的需求。优化卫生资源配置，加快南市区医院、市中医院等项目建设。拓展养老服务内容，大力开展居家养老上门医疗义诊，开展社区老年人日间照料服务，居家养老服务向农村社区延伸。完善配套设施，社会福利院、儿童福利院、农村中心敬老院在年内投入使用。新建和改造一批城乡社区服务中心，扩大标准化社区服务中心覆盖面。强化市场监管，营造公平有序的市场环境。继续深入推进平安嘉峪关建设，控制和减少各种不安全、不稳定因素，不断提升人民群众的安全感。

关于加强地方政协民主监督的思考

市政协主席 焦玉兰

民主监督是人民政协的三项主要职能之一，在政协的整体工作中占有十分重要的地位。近年来，随着人民政协事业的快速发展，民主监督工作的制度化、程序化建设逐步推进，各级政协组织和政协委员针对党和国家的方针政策、重要事务提出了许多重要的意见和建议，对党和政府科学化、民主化决策，促进依法行政起到了重要作用。

切实有效地履行人民政协的民主监督职能，是我国社会主义民主政治建设的重要内容，也是全面建设小康社会的客观要求。但从目前地方政协组织履行职责的实际情况看，由于制度规范和程序安排的相对原则性，使民主监督的力度和有效性难以得到有效保障，民主监督成为履行职能的一个薄弱环节，还存在民主监督的认识不到位、民主监督目标存在偏差、民主监督保障机制不够健全、民主监督水平不高等一些亟待解决的问题。对此，笔者根据自己多年来在政协工作的经历和思考，对在新形势下，如何进一步加强地方政协民主监督，提高民主监督实效提出一点粗浅的认识，与大家共同探讨。

一、加强宣传教育，强化民主监督意识

发挥民主监督的作用，加强宣传教育、提高思想认识是前提。要认真学习《政协章程》《中共中央关于加强人民政协工作的意见》《中共中央关于加强社会主义协商民主建设的意见》等重要文件，学习历届中央领导集体有关民主监督的论

述。总结实践中正反两方面的经验教训，引导大家从社会主义民主政治建设的角度，认识加强民主监督的重要性；从反腐倡廉的实际需要，认识加强民主监督的紧迫性。特别是要从目前我国正处在社会转型时期，社会监督机制尚不完善，社会主义法制尚不健全，权力机关监督还不能完全适应社会主义民主政治发展需要等方面，认识民主监督作用在整个监督体系中的不可替代性，克服“无用论 ”、“无关论”“怕难论”，树立有所作为、尽职尽责和敢字当头的思想，发挥民主监督作用。

二、建立法律法规，强化民主监督职能

我国是社会主义法治国家，《中华人民共和国宪法》规定：“任何组织和个人都不得有超越宪法和法律的特权”。没有法律的授权和确认，任何形式的监督都只会陷入空谈。人民代表大会制度是我国的根本政治制度，中国共产党领导的多党合作和政治协商制度是我国的基本政治制度。人民代表大会制度有有清晰完备的宪法表述和配套的法律体系，包括《中华人民共和国各级人民代表大会常务委员会监督法》。而人民政协仅在《宪法》序言中有表述：“中国人民政治协商会议是有广泛代表性的统一战线组织”“中国共产党领导的多党合作和政治协商制度将长期存在和发展”，没有“子法”作支撑。只有国家以法律形式明确人民政协的民主监督的性质、地位、作用和制约保障措施，人民政协的民主监督才能得到法律保障，人民政协才能理直气壮地依法开展民主监督活动，才能避免“说了白说”。

三、加大改革创新，建立健全民主监督工作机制

要进一步加强地方政协民主监督制度建设，完善民主监督工作机制，将民主监督的内容、形式、方法和程序固定下来，增强民主监督工作的“刚性约束”。虽然这是一个渐进过程，但有四个方面的机制应着手解决：一是要建立知情机制。知情是监督的基础，不知情，就必然无的放矢，民主监督就不能监到点子上，督到关键处。要完善和落实通报工作制度，进一步明确哪些事情应向政协组织通报，以什么方式通报，什么时间通报等等；地方政协还要建立和完善委员知情机制，围绕党委、政府的决策重点和工作中心，及时组织委员调研视察，参与党委、政府重大问题的决策，参与重点工作的推进，参与重要活动的组织，为协商监督打

下基础。二是要协商监督机制。要加快推进地方政协协商民主进程，不折不扣地落实“协商在决策之前”，真正做到重大问题协商在党委决策之前、人大通过之前、政府实施之前。民主监督制度要明确具体，尽可能量化、细化、实化，以利于掌握和操作，使之有章可循，减少随意性。三是要建立反馈机制。对于通过政协渠道反映的意见和建议，要在一定时间内以一定形式予以反馈，凡是正确的应加以采纳；凡是对某些问题在看法上不完全一致的应加以解释。政协委员对被监督部门办理效果不满意的，要敢于退回、重新办理，使委员的合理建议和批评真正能吸收采纳，以增强民主监督的实效。四是要建立激励机制。对于敢于和善于监督，在履行民主监督职能中做出突出贡献的党派团体、专委会、界别及委员，还有自觉接受民主监督、虚心采纳政协意见、积极改进工作的党政部门，要及时通报表扬并予以奖励，起到鼓励先进、鞭策后进的作用。

四、加强协调互动，强化民主监督地位

地方政协民主监督作用的发挥，需要党委、人大、政府等各方面的相互协作和支持。各级党委、政府要切实抓好中共中央有关政协协商民主和民主监督的文件精神的贯彻落实，做好相关衔接，积极支持和帮助政协各级组织推进履行协商监督职能的制度化和规范化，甚至法律化；要教育党员干部特别是领导干部正确对待和自觉接受民主监督，并依法保护政协委员的民主监督权利不受侵犯。每年初，政协应与党委、政府就全年协商监督的议题进行协商，共同商定民主监督的主要对象和重点内容。各专门委员会应主动与各对口部门之间加强沟通联系，明确协商监督的内容、方法和程序，并建立政协各委办与相关部门的联系制度，双方定期互通情况，推进监督工作规范、有序、健康运行。政协还应积极与人大沟通协调，将政协的民主监督与人大的法律监督结合起来，在考察、情况通报、调查、检查、意见反馈等方面共同选择有关监督课题，共同调研，提高政协监督的质量，促进问题的解决。

五、提高委员素质，增强民主监督实效

政协工作的主体在委员，优势在委员，活力在委员。因此，提高政协委员素质，充分发挥政协委员主体作用，是增强民主监督实效的根本保证。一是要为委员履行职能搭建履职平台。地方政协要充分发挥组织、引导和服务作用，不断创新委

员活动载体，搭建活动平台，不断建立和完善委员参加的“专题座谈会”“主席接待日”“政协委员列席政协常委会议”“政协领导联系常委、常委联系委员”“政协委员社情民意反应”“政协委员参加视察、调研”等制度，为政协委员发挥作用提供可操作的制度保障。二是要切实提高政协委员素质。要切实把好政协委员入口关，把那些政治业务素质好，热心于政协事业、又有一定专业特长的基层工作者选进委员队伍；要加强对政协委员的教育与培训，更新观念，增长知识，增强委员做好政协工作的能力和责任感。三要加强委员的管理和服务。建立和完善委员履职管理办法和委员进出制度，完善委员履职档案，对委员素质和履行职情况定期考核，对确实不符合委员条件的委员，应当劝其退出政协，或辞去委员职务；将那些符合委员条件的人选拔进委员队伍，增加委员队伍的生机和活力。

第三篇 案例点评篇

案例一：嘉峪关加快工业经济转型发展步伐

按照“做强存量、做优增量、壮大总量、提升质量”的总体思路，近年来，嘉峪关市把工业发展的重点放在产业转型升级上，积极培育和发展冶金新材料、装备制造、新型建材、新能源、优质葡萄酒等区域优势产业，全市工业经济转型发展步伐全面加快。

“一钢独大”是嘉峪关市工业结构的典型特征，嘉峪关市 GDP 的 80% 以上一度由“钢铁”贡献，由此带来的不仅是产业的结构性风险，还导致全市经济发展活力不足。为改变这一被动局面，嘉峪关市充分发挥戈壁滩上的风、光优势，大力发展以太阳能光伏发电为重点的新能源产业，中国华电、上海航天、中利腾晖等 10 余家国内知名新能源企业落户。与此同时，围绕钢铁产业链“上展下延”，大力发展装备制造、建材、食品加工等产业，使工业发展的动力更加十足，产业多元化发展的势头更加强劲。特别是自 2010 年以来有色金属工业实现了从无到有、从小到大的突破。

嘉峪关市提出以优先发展和错位发展为原则，以结构调整为主线，以循环经济为抓手，以科技创新为动力，以园区建设为载体，以把酒钢建成国际化大型企业集团为重点，力争到 2016 年“冶金—循环经济—装备制造”千亿级产业链工业增加值占比达到 60%，“光伏发电—电解铝—铝制品加工”千亿级产业链工业增加值占比达到 30%，实现经济总量和发展质量双跨越。

（摘自甘肃日报）

专家点评：

一个传统工业城市的蜕变之路

转变发展方式，推动产业结构调整不是一个新话题，只是国际金融危机发生以后，使更多的城市和企业意识到，长期依靠劳动力密集型、资源密集型产品出口为主导的出口结构和粗放经营的发展方式很难再继续下去了。

转型，是为了更好地发展。毋庸讳言，中国虽然已成为世界工业大国，但工业大而不强，发展方式粗放，结构层级偏低，加快工业结构升级和发展方式转型时不我待。著名经济学家厉以宁说过："作为大国，我们要么不建立，要建立就得是当前世界先进水平的技术。这就是说，在工业化中期和后期，都应加速转变经济增长方式，提高经济增长质量，减少并治理环境污染，降低单位产品的资源耗费率。"

嘉峪关作为因企而设、因钢而立的典型资源型城市，"钢主沉浮"曾一度是嘉峪关经济发展的真实写照。如何有效避免"矿竭城衰"，是事关嘉峪关经济社会可持续发展的重大战略问题。从案例中可以看出，嘉峪关市委、市政府带领全市人民抢抓机遇，开拓创新，全力推进资源型城市由资源依赖型产业到绿色低碳产业、由"一钢独大"向多元发展的转变，资源型城市转型工作取得了显著成效，主要经济指标增幅连续位居甘肃省前列。

工业发展具有一定的历史周期和规律性。自"十二五"开始，中国后工业化时代已经来临，转变经济发展方式必须把握后工业化时代的许多新特征，围绕"低碳经济""零能源建筑""消费主导"，探索产业升级与企业转型的路径，打通工业对其他产业发展的技术人才装备支持通道。从嘉峪关的阶段性特征来看，2014 年人均 GDP 超过 12000 美元，远远高于国际上衡量工业化后期 5000 美元的人均生产总值指标，这意味着嘉峪关经济发展已经步入工业化后期、达到了高收入国家水平。在这样的发展条件、发展形势下，嘉峪关市委、市政府未雨绸缪，并没有等到资源枯竭、经济下滑的时候才"抓耳挠腮"，而是提前开始谋划整个城市的转型升级之路。依我来看，嘉峪关工业转型升级之所以能够取得成功，离不开以下几点可借鉴的地方。

借鉴 1：立足优势抓转型

从案例中可以看到，嘉峪关 GDP 的 80% 以上由“钢铁”贡献，“一钢独大”“一企独大”是嘉峪关市工业结构最典型的特征。作为“一五”时期国家重点布局建设的钢铁老工业基地，长期的建设历程中，在支柱产业、地方工业、城市建设等方面都深深地烙上了钢铁的印记，现有城市构架与钢铁产业息息相关，城市可持续发展也与铁矿资源的有效利用、钢铁产业的优化升级密不可分。

回顾西方金融危机以来中国经济的脉动，发展最快的就是资源型及资源密集型产业，其中钢铁行业又具有明显的代表性。2009 年至 2012 年，煤炭、钢铁、有色、化工等行业的增加值均呈现快速增长态势，增速明显快于工业平均增速，由此虽然带动了相关产业的投资较快增长，但也在一定程度上掩盖了本已过剩的产能，最终导致产能严重过剩，价格持续下滑，行业经济效益不断恶化。当前，伴随着国家对于资源环境问题治理力度的加大，以及产业结构升级换代的速度明显加快，资源密集型产业压力空前，遇到的挑战也日益严峻，劳动力成本低的比较优势将进一步弱化。如果不尽快实现产业结构调整升级，发展技术密集型、高附加值的产业，5 年后就会形成“高不成、低不就”的产业格局。然而，对于这些产业，很多地方政府存在“想调整，舍不得；不调整，又不行”的尴尬，主要原因就是重工业企业对于 GDP 的贡献太大，政府部门对于这类企业的管理、转型有点“骑虎难下”。

在这样的大背景下，如何把原有的资源优势、产业优势转化为现今的经济优势、发展优势？嘉峪关市委市政府的做法值得借鉴。一方面，市委市政府在谋划发展的过程中，坚持巩固壮大钢铁主导产业，在发展环境、土地供应、资源保障等方面为酒钢提供了一系列优质服务，实施了不锈钢产能扩建、高炉改造升级、碳钢薄板等重大项目。另一方面，嘉峪关市借助酒钢集团公司的产业集聚功能和带动辐射效应，引导市属企业发展上下游配套产业，开发适销对路的新型钢材，最大限度地提高产品附加值。应该说，嘉峪关市在钢铁这一主导产业上，体现了三个理念：一是依托钢，牢牢抓住根本；二是稳住钢，保持现有规模；三是提升钢，应市场需求变化提升钢的质量和品种。沿着这条路径，嘉峪关市实现了“多种规格钢材、符合市场需求、具有较强竞争力产品”的多样化发展格局。

在今后相当长的时间内，支撑中国工业的还是传统产业的改造优化升级。战略性新兴产业由于各种原因，很难形成国内经济的支柱，比如能源方面，煤炭占70%，石油、天然气占22%，新能源只占不到9%，到2020年新能源规划仅占15%。传统产业的优化改造和升级换代，仍将是我国工业发展的一个重点。因此，必须把更多的人财物投到传统产业的改造提升、转型升级上来。

借鉴2：跳出钢铁抓转型

做好“钢铁文章”只不过是工业转型升级的第一步，在决策者眼里，“跳出钢铁抓转型”才是嘉峪关新型工业化的未来走向。在这个工业城市的发展蓝图里，“发展装备制造业、光伏发电、新材料等新兴产业”与“发展现代服务业、文化旅游、商贸物流”成为了经济转型的两条全新路径。

嘉峪关市委市政府更注重优化产业结构，摆脱对传统资源的依存化，寻求多元化发展策略。嘉峪关市抓住建设河西新能源基地的重大机遇，依托风、光优势，发展以太阳能光伏发电为重点的新能源产业，中国华电、上海航天、中利腾晖等国内知名新能源企业纷纷落户，在戈壁滩上建起了总装机容量3600兆瓦的嘉西光伏产业园，形成了光电、火电相互配套、互为补充，就地消纳与向外输送相结合的能源示范基地。与此同时，铝产业是嘉峪关工业转型的又一亮点，从东兴铝业一期45万吨电解铝项目的落户，再到年产135万吨电解铝能力，以及配套发展的广银铝业、中威斯铝业、萍缘堂铝业等铝制品深加工项目，短短三年时间嘉峪关工业结构实现了从传统黑色冶金到高新有色金属的历史性跨越。

是什么促使嘉峪关的光伏发电、铝产业实现了从无到有、从小到大的突破？是工业内部的分化。经济转型源于结构变动、制度变革以及技术创新等因素，只有适应这一发展趋势，加快经济转型的步伐，才能激发经济增长的新动力。对嘉峪关来说，工业的主导地位不能衰弱，只能巩固、只能加强。这并不是说工业要在三大产业中占比多少，而是其发挥的带动能力，必须能够引领、支撑、保障起全市经济的发展。嘉峪关下一步的发展，应注重这样几个问题：一是进一步强化“互联网+”等产业的发展，进一步加快生产性服务业的发展，促进产业之间的融合和综合效率的提升。二是加大技术创新、产品创新力度，推动传统产业向中高端发展。三是将新型工业化与绿色化紧密结合起来，变环保压力为产业发展动力，加快推进绿色产业的发展。

借鉴 3：延长链条抓转型

仔细观察这几年嘉峪关的工业转型之路，我们会看到大多数项目之间都存在着相互耦合的内在关系：

热电联产项目满足了企业对电热负荷的需求和嘉峪关市采暖负荷的需要，为园区铝加工、装备制造、铝箔生产等提供电能，同时也为光伏发电就地消纳提供了配套能力；碳素、预焙阳极为电解铝提供原材料，电解铝液通过加工精铝再到铝制品实现精深加工；煤炭分质利用项目提炼的原煤，可直接供酒钢等大型企业使用，油制品投向于市场……产业集群集约化发展，企业小循环、园区中循环、产业大循环的格局已逐渐形成。

嘉峪关市这种你中有我、我中有你、互利互惠的做法，不仅拉长了产业链，节约了资源能源，更让工业的转型升级找到了实实在在的样本：产业结构更优、传统优势产业更强、战略性新兴产业异军突起……在推动工业经济转型升级的过程中，嘉峪关重塑了工业经济发展新优势。随着产业转型升级的不断深入，一个质量、结构、效益协调统一的嘉峪关经济“升级版”必将完美呈现。

（张建荣，兰州大学马克思主义学院讲师，马克思主义理论博士后科研流动站博士后。）

案例二：嘉峪关市第三产业占比首次超过三分之一

嘉峪关市把产业结构调整作为支撑发展的主攻方向，注重文化旅游带动，促进产业结构由二产主导向三次产业协调发展转变，三次产业比重由2011年的1.3∶81.9∶16.8调整为2014年的1.6∶69.6∶28.8。特别是2015年上半年，第三产业增加值占全市GDP比重达到34.1%，占比首次超过三分之一，多元发展趋势更加明显。

三产提升得益于以下几个方面：一是加快转型升级步伐，实现传统产业向现代产业体系转变，形成了资源节约、二三产互联、上下游配套的产业生态系统。二是推进文化创新发展，立足长城文化、丝路文化历史文化资源优势，一手抓传承保护、一手抓创新发展，探索新模式、发展新业态。三是加大招商引资力度，实现全面招商向定点精确招商转变，引进了深圳华强集团、甘肃中贸集团等知名文化旅游企业，实施了华强方特欢乐世界、观礼古镇、世界文化遗产公园等重点文化旅游项目。四是不断提升城市品质，实现基础设施向综合配套服务转变，围绕游客“进得来、住得好、游得畅”的目标，把城市建设与生态、文化结合起来，为“过路旅游”变“过夜旅游”“观光旅游”成“体验式旅游”搭建了平台。五是优化经济发展环境，实现偏重管理向注重服务优先转变，出台了建设特色文化强市、扶持乡村旅游家庭旅馆建设等意见，深化涉及第三产业发展的各领域改革，为企业发展营造了良好环境。

（摘自甘肃日报）

专家点评:

第三产业是衡量城市发展水平的重要标志

第三产业的加快发展是生产力提高和社会进步的必然结果，其兴旺发达是现代化经济的一个必要特征。近十几年来，随着经济全球化的进程加快，全球产业结构发生了巨大的变化，其中一个重要特征就是第三产业的快速发展。据世界银行统计，目前发达国家第三产业额已占到GDP的60%—80%，所吸纳的就业人数达到总就业人数的70%以上。

近年来，我国第三产业的规模逐步扩大，在国民经济中所占的比重达到了50%，单从数据上看，我国的第三产业发展规模和吸纳的就业量仍然比较小。因此，很多人认为，我们第三产业有非常大的发展空间，应该集中力量提高第三产业在国民经济中所占的份额，实现经济结构向以服务经济为主的转变，以促进就业和整个经济的发展。针对嘉峪关市发展第三产业的独特的做法和成功之处，以及需要努力的方向，我主要谈谈这几个方面：

一是很好地处理了产业之间的关系。对于一个城市来说，第一、第二产业是整个经济体的根基，第三产业是根基之上的上层建筑。根基稳固，上层建筑才能建设得既高又稳；如果根基脆弱，第三产业只能成为“空中楼阁”，难以经历风雨。发展第三产业并不是说先把第三产业发展起来以后再发展第一、二产业，更不是通过削弱第一、二产业来发展第三产业，而应从相互联系、相互促进的关系中来认识发展第三产业的重要性。

嘉峪关在发展的过程，很好地适应和处理了这一辩证关系。应该看到，作为一个传统的老工业基地，工业在这座城市的地位和作用毋庸置疑，也在很长一段时期内支撑了嘉峪关的发展。嘉峪关市委、市政府充分利用工业这一优势，围绕工业发展生产性服务业，促进生产性服务业与生活性服务业深度融合，以良好工业基础带动第三产业快速发展。比如，依托酒钢集团公司钢铁主导产业和钢、铁、铝、电等资源集中优势，培育了铝制品精深加工、光伏发电、装备制造等产业，西部重工、海特新能源、大陆桥钢管等一批装备制造企业逐步壮大，为物流、检测、信息等生产性服务业发展提供了广阔的空间。

同时，实体经济的发展，必将间接带动虚拟经济快速发展。随着城乡居民收入水平的提高和改善民生的新需求，群众的消费水平正在从温饱型向发展型转变，从关注量的扩张向关注质的提高转变，从以物质消费为主向以服务消费为主转变，居民消费热点逐步转向文化娱乐、旅游休闲、教育培训、医疗保健等领域，这为嘉峪关市第三产业开辟了广阔空间，该市2015年第三产业投资预计增长68%，这个力度在全国都是很少见的。所以，发展第三产业一定要与第二产业的发展相匹配，他们之间是有一定比例的；第三产业大力发展的前提，是第二产业能够获得可持续的利润以增加整个社会的价值量，从而得到为第二产业提供服务的价值。

二是抓住了重点持之以恒地推进。嘉峪关市三次产业能够快速发展，不是短期能够实现的，而是历届市委、市政府持续努力的结果。嘉峪关的文化旅游资源在省内乃至全国都较为丰富，正是抓住了文化旅游这个突破点，一手抓传承保护、一手抓创新发展，才最终实现了第三产业历史性的突破。

文化旅游对第三产业发展具有强大的辐射作用和波及效应。旅游行为涉及吃、住、行、购、游、娱等六大要素，旅游行业涵盖了住宿、餐饮、交通运输、商业等多个领域，与相关产业、产业和劳务多重组合，涉及第三产业的多个门类，这些门类都直接或间接为文化旅游业提供物质、文化、信息、人力、管理等服务，构成了强大的硬件和软件支撑。从这个角度分析，就不难看出文化旅游业在第三产业当中的重要传导作用。

据我了解到的，嘉峪关市这些年立足长城文化、丝路文化、边塞文化等历史文化资源优势，探索新模式、发展新业态，坚持“无中生有”，仅用18个月建成的方特欢乐世界创造了“嘉峪关速度”，开园以来持续火爆，不仅仅是甘肃省内，青海、新疆、内蒙等周边省区游客也大幅增加，带动的直接或间接就业人数就超过了7000人，同时正在实施的丝绸之路文化博览园也是一项大手笔，很好地顺应了丝绸之路经济带建设的大趋势。嘉峪关没有放松对传统资源的挖掘，世界文化遗产保护工程是这些年甘肃省实施的投资最多、规模最大的遗存保护工程。同期正在开发建设的观礼古镇、新城草湖湿地、戈壁大峡谷地质公园等项目，进一步充实了百亿级文化产业园区的规模层次和内涵品质。

三是必须激发消费的带动潜力。市场经济说到底是需求拉动的经济。人们往往把消费、投资和出口看做是拉动经济增长的“三驾马车”，在这当中投资需求只是中间需求，出口构成国外的消费需求，只有国内居民消费才是我们所讲的真正意义上的最终消费，才是支撑国民经济持续发展的原动力。

近年来，随着收入的增长，居民更注重精神层面感受，消费观念也发生了必然的转变。我国城乡居民可支配收入大为提高，带动了旅游收入年均复合增长率的上升。再者，高铁时代不但缩短了旅途时间，更对人们的旅游消费心理带来深刻影响。一个国家或地区第三产业比重的高低与其生产消耗结构、消费结构、投资结构以及消费率水平等多个因素有关，而理论与实践都表明，消费对第三产业的拉动程度要高于投资对第三产业的拉动程度，因此提高消费率会使第三产业的比重进一步上升。

嘉峪关市属于紧凑型、精品型城市类型，常住人口不到30万人，依我看，人气不足、消费不足是发展中最大的短板所在。与全国及发达省市相比，嘉峪关市的消费水平还处于相对滞后的阶段，这也意味着消费需求还有很大的培育空间，必须紧紧抓住国家坚持扩大内需这一重大机遇，让以消费需求为主的内需逐渐成为经济持续稳定增长的主要推动力量。收入水平和消费倾向是决定消费需求的两个决定因素，下一步，一方面要建立合理的收入增长机制，不断提高各类群体的收入水平，刺激居民的消费需求；另一方面必须在壮大文化旅游产业规模的基础上，紧跟消费趋势，优化商业布局，挖掘市场潜力，加快实施一批重点商贸项目，促进形成电子商务、家政服务、养老服务、信息服务等新的消费热点，从而带动第三产业的持续快速发展。

（何为民，甘肃行政学院教授。）

案例三：
见证：社会管理创新的嘉峪关样本

作为全国9个社会管理创新典型培育城市之一，甘肃省嘉峪关市积极探索具有地方特点的社会管理模式。

村民变居民，城乡户籍一体化。2012年嘉峪关取消了城乡户籍差别，全市30万人口不再区分“农业户口”与“非农户口”，统一登记为“居民户口”。其中“农业劳动者”仍按照农业人口统计，确保每一项惠农政策、惠农补贴都能够继续享受。出台了《最低生活保障实施办法》等8个配套政策，把农村居民整体纳入了“学有所教，病有所医，老有所养，住有所居”的社会保障体系。

街道变社区，社会管理扁平化。嘉峪关一次性撤销所有街道办事处，将69个城市社区整合为30个社区，形成“市—区—社区”三级管理架构，由社区直接面对群众提供公共管理服务。社区确定了“一委一会一中心”的组织运行结构，承担着70多项社会服务职能，设立了开放式的便民服务大厅。

人人是细胞，整合资源求创新。嘉峪关把“平安和谐细胞工程”作为社会管理的基础工程，在家庭、社区、校园、医院、企业、等10个领域广泛开展，最大限度地调动社会因素参与社会管理创新工作。投资2.1亿元建成了社会管理服务、城乡一体化服务和社会矛盾大调解等“三大中心”，与城乡社区联动开展家政服务、居家养老、矛盾化解等为民服务。

（摘自人民日报）

专家点评：

创新社会治理的嘉峪关之道

社会治理问题是处于深刻转型期的中国社会必须面对的重大课题，专家学者、政府官员都在思考，只不过视角不同，前者注重理论，后者侧重实践。缘于学术背景，长期以来，我自己也关注和思考社会治理的问题，也一直在琢磨：关于社会治理学术研究的大量成果，如何进入地方官员的施政实践？

嘉峪关是甘肃省的明星城市，城市不大，但很精致。无论是我个人的感受，还是其他人的观感，舒心、和谐、秩序，都是对这个城市印象的关键词。在与嘉峪关的多次“亲密”接触中，我明显地感觉到，这个城市之所以给人这些印象，归结到一点，就是嘉峪关社会治理的超前理念和富有效率。近年来，嘉峪关着眼维护群众利益和增强社会发展活力，顺应群众期待、积极主动探索，不断提高社会治理水平，成为理论与实践深度结合、推进社会治理创新的典范，也回答了我曾一直琢磨的问题。具体的治理实践，我将其提炼为“四治”：

法治塑造公平。法律是治国之重器，法治是治理体系和治理能力的重要依托，社会治理创新需要运用法治思维和法治方式，做到科学立法、严格执法、公正司法、全民守法，在建设法治政府和法治社会中促进社会既充满活力又和谐有序。对地方政府来说，在当前社会结构深刻变动、利益格局深刻调整的时期，要协调好各种错综复杂的利益关系，实现对社会的有效治理，必须依靠法律和制度，坚持依法治理的基本方式。

近几年，是嘉峪关经济结构、社会结构深刻变化的几年，反映在社会治理领域，主要表现为治理理念、治理方式与法治建设的宏观形势不相适应的问题不断衍生。嘉峪关主动顺应中央深入推进依法治国的大趋势，主动顺应广大群众依法治理的强烈诉求，把法治政府建设作为首要任务，以提升依法行政能力、提高制度建设质量、推动科学民主决策、规范行政权力运行为着力点，加快推进体制机制创新，促进政府工作的规范化和法制化，为推动经济社会跨越发展、社会和谐稳定提供了有力的法制保障。

依法决策是依法治理的一个重要方面，也是法治政府建设的前端。能否做到依法决策，直接体现着其依法行政水平高低，直接决定着政府职能全面正确履行，直接关系到群众利益的保护。为确保重大行政决策科学民主，嘉峪关制定了《嘉峪关市行政程序规定》，修改了《嘉峪关市人民政府重大决策程序规则》，突出合法性审查、专家咨询论证、社会公示听证等关键环节，注重决策的合法性、民主性、科学性，确保了决策切合市情、体现民意、造就公平。

公正是法治的生命线，是司法工作的永恒主题。当前，群众的维权和法治意识日益增强，对司法公正的期待不断提高。2013年，嘉峪关城区人民法院、城区人民检察院成立，结束了嘉峪关没有基层法检机构的历史，并探索实施了包括司法公开“三大平台”、阳光司法制度、诉前调解、巡回审判等在内的诸多法治实践，较好地满足了人民群众的司法需求，体现了让群众在每一个司法案件中都感受到公平正义的司法要求，实现了法律效果与社会效果的统一。

自治激发活力。基层治理是社会治理的重要组成部分，是社会治理的重点和难点所在。在工业化、城市化和市场化过程中，社会的组织方式发生了重大变化，城乡社区已成为基层社会治理的主要形式。习近平总书记多次到社区进行考察，并发表了一系列重要讲话，在福州军门社区考察时特别指出，“社区虽小，但连着千家万户，做好社区工作十分重要”。在全面深化改革的今天，创新社区管理体制，对加强基层社会治理、促进基层和谐稳定意义重大。

近年来，各地对基层社会治理进行了积极探索，积累了不少有益的经验，取得了良好的成效。嘉峪关在社区建设方面，也是先行先试、大胆实践，在2012年一次性撤销所有街道办事处，将69个城市社区整合为30个社区，形成“市—区—社区”三级管理架构，由社区直接面对群众提供公共管理服务。这种突出服务职能为主的社区管理架构，使城市和农村居民享受到了周到、便捷、高效的服务。如今的嘉峪关社区，已经不再是过去街道办事处那样的管理机构，而是成为了便民服务中心，实现了从管理职能到服务职能的转变。

更为重要的是，嘉峪关的社区化改革，不是简单的撤销与成立，而是突出社区自治功能的发挥。在改革之初，嘉峪关遇到的问题是，社区自治没有能够有效开展，居民对社区的认同感不强，参与社区建设的热情不高、渠道不畅。为此，嘉峪关专门出台《加强社区建设的意见》，其主旨就是通过提升社区自治功能，把社区建设成为管理有序、服务完善、治安良好、环境优美、稳定和谐的基层服务组织。其中非常值得一提的亮点，就是建立居民议事会工作机制。居民议事会实行“两会一办一评”制，即通过“居民意见收集会、党委议事决策会、社区中心组织实施、群众评议成效”的方式，组织群众有序参与社区管理服务。居民议事会为社区居民提供了一个设在家门口的民主协商平台，充分调动了居民参与议事活动的积极性和主动性，有效保障了居民话语权，有利于引导居民依法、理性、有序参与社会管理和自我服务，增强了社区居民的认同感和归属感。通过居民议事会组织居民讨论社区事务，使居民之间说真话、交真心，形成了“社区是我家，服务你我他；社区是我家，建设靠大家”的和谐社区氛围，为实现民主管理、自我管理提供了有益探索。

共治增进和谐。党的十八届三中全会提出，要改进社会治理方式，坚持系统治理，加强党委领导，发挥政府主导作用，鼓励和支持社会各方参与，实现政府治理和社会自我调节、居民自治的良性互动。我认为这个要求所针对的，是社会管理很容易表现为政府包揽一切社会事务，习惯于扮演“全能型选手”这一社会治理中普遍存在的问题。解决这个问题的途径就是共治，就是更多地强调发挥多主体的作用，更多地鼓励参与者自主表达、协商对话，并达成共识，从而形成符合整体利益的公共政策。共治最核心的一点，就是突出多元治理，让各类社会组织、群众团体、志愿组织等参与社会治理。但长期以来，我国社会组织存在种类偏少、数量不足、能力较弱、行为不规范、作用发挥不充分等诸多问题，社会组织并没有很好地参与到社会治理中来。

党的十八大对社会组织建设发展和发挥作用提出了明确要求：“加快形成政社分开、权责明确、依法自治的现代社会组织体制，加快形成源头治理、动态管理、应急处置相结合的社会管理机制”。这种管制的松绑，使社会组织迎来了新的发展高峰，社会治理由政府管理向多元共治模式转化，逐渐成为地方政府施政的一个重要方向。嘉峪关近年来的社会治理就鲜明地体现了这种转向，更加注重培育、支持和引导多元主体参与社会治理，在实践中取得了成功。

2012 年 5 月，嘉峪关社会组织工作委员会成立，是嘉峪关社会组织参与社会治理的标志性事件。以此为起点，嘉峪关各类社会组织的活力被激发起来，通过清理和规范，社会组织的独立性大大增强，改变了社会组织“吃财政饭、当二政府”的现象。嘉峪关鼓励和支持行业协业商会类社会组织、科技类社会组织、公益慈善类社会组织以及城乡社区服务类社会组织大力发展。结合全面深化改革，积极转变政府职能，建立健全了政府购买社会组织服务机制，生态养护、养老、公共服务设施维护等适合由社会组织提供的公共服务和解决的事项，都交由社会组织承担。他们主动学习发达地区社会组织建设发展经验，建立健全社会组织发挥作用的机制和制度化渠道，完善社会组织管理相关法律法规和社会组织内部治理结构，提高自我管理、自我约束能力，确保了社会组织有序发展、规范运行，极大地提升了社会和谐度。嘉峪关推行的“平安和谐细胞工程”，带动社会各团队各阶层各领域的平安和谐创建活动，网格式覆盖了社会生产服务的各个领域，稳固形成了和谐细胞健康发展的点阵布局和网络机体，已经超前实现了共建共享的目标。

善治普惠民生。20世纪90年代以来，政治学研究中，善治概念的使用率直线上升，成为出现频率最高的术语之一。十八届四中全会决定明确指出，良法是善治之前提。这是“善治”这个政治学术语在中央全会层次的文件中首次使用，也释放出一个鲜明信号：十八大之后，善治将成为以习近平为总书记的党中央治国理政的目标追求。概括地说，善治即良好的治理，就是使公共利益最大化的社会管理过程。俞可平认为，善治包括合法性、法治性、透明性、责任性、回应性、公正性等要素。包含这些要素的政治过程，可以认为体现或者实现了善治。

围绕公共利益最大化这个核心目标，嘉峪关从户籍制度这个难题入手，在全省率先取消了城乡户籍差别，把农村居民整体纳入了“学有所教，劳有所得，病有所医，老有所养，住有所居”的社会保障体系，实现了公共服务同标准、全覆盖。嘉峪关是一个移民城市，每年流动人口有4万多人，如何管理和服务这个群体，对总人口30万人的嘉峪关来说是个不小的挑战，比如：流动人口受排斥，难以融入城市大环境之中，因就业关系不稳定产生了大量的劳动纠纷，引发了诸多社会问题。嘉峪关结合户籍制度改革，将流动人口与城市社区居民同等对待，纳入到城市公共服务、社会保障体系中；通过有针对性的职业培训和成人教育，提高流动人口文化素质，增强了在新的社会环境中的竞争能力和适应能力；对流动人口“市民化对待、亲情化服务、人性化管理”，实现了从防范性管理到服务性管理的根本转变。针对老龄人口占总人口12%、养老服务需求日渐增多的现实，嘉峪关在做好基本养老金社会化、“三无”“五保”老年人全部实行政府供养、大病医疗保险等一般性养老工作的同时，拓宽养老服务渠道，每年对65岁以上老年人免费体检一次，各景点全部免费向老年人开放，率先在全省推行老年人免费乘坐公交车，对90岁以上高龄老人和70岁以上城乡重度残疾老人实行集中供养，还建立了居家养老服务中心，免费为60岁以上具有本市户籍的老人配备“一键通”，提供健康咨询、医疗服务、护理服务、家政服务、节日关怀等24小时便捷服务。这些举措，将善治这个学术概念，体现到了嘉峪关人日常生活的方方面面，变成了整个城市的“善意”。

以上是我对嘉峪关社会治理一些侧面的观察和思考，如果进一步深入，一定会有更引人入胜的地方。对一个城市社会治理的评价，当然可以有多重视角，甚至争议。但无论如何，嘉峪关敢为人先、敢于实践的精神，是非常值得肯定的，他们推进治理体系和治理能力现代化的实践，更值得学习和借鉴。

（丁志刚，兰州大学管理学院副院长，教授，博士生导师。）

案例四：
一体化监管 高效能服务

——嘉峪关市推进市场监管“三局合一”机构改革纪实

作为甘肃省“三局合一”机构改革唯一的试点市，嘉峪关市先行一步，将涉及市场监督管理领域的市工商局、质监局、食药监局的机构和职责整合，组建了市场监督管理局，构建起了一个覆盖生产、流通、消费全过程的监管体系。

全项检查，创新市场监管模式

成立市场监管局，破解了多头分段监管的体制机制障碍。整合前，工商、质检、食药监三个部门分散分段进行巡查检查，一些灰色地带和空白点推诿扯皮，无人去管；整合后，一个巡查组 2 ~ 3 名执法人员一次巡查就可完成以前需要多次巡查才能完成的任务，监管盲区自然消失。同时，将原来三局的 4 个检验检测机构撤并重组为 2 个，实现执法监管与检验检测统一；建立统一便捷的消费者投诉举报受理平台，提升维权效能；将“工商秘书”制度拓展为“三联秘书”制度，对省市惠民实事、重点项目和各类企业实施“一对一”“点对点”支持。

日常检查，执法力量下沉

雄关分局巡查队队长马媛说：“除每周一次日常检查外，我们还要不定期抽查，确保市场监管不打折扣。”

监管力度的增加，得益于改革后基层力量的夯实。嘉峪关市场监管局成立后，70% 以上的力量在基层监管执法和检验检测。一线执法力量极大提升，8780 台特种设备的监管力量由 5 人增加到 120 人，全部设备的检查由“二年 1 次”猛增到“一年 2 次”，事故隐患大幅减少。一线执法力量的增强，使监管的广度、深度、力度大大增强。2015 年上半年，监管局先后查办各类案件 230 余件，罚没款 150 余万元，超过原三局去年全年的总数。

企业准入，一个窗口受理办结

“办理一个加工熟食执照，以前时限至少 15 至 20 个工作日，现在最多为 5 个工作日。”注册科科长王积燕说。

嘉峪关市场监管局合并了工商、质监、食药监三部门所有登记、许可的机构和人员，对食品生产流通、组织机构代码、营业执照等“十证一照”业务进行整合，实行“一个窗口受理、一个窗口办结”。6 月 1 日起，又推行“三证合一”登记制度，放大登记注册便利化效应，上半年全市新增非公市场主体和新增注册资本分别增长 27.2%、50.4%。统一工作标准，对原三局共计 150 项规章制度进行全面清理，形成了职责清晰、运转协调的内部管理和工作运行格局。

（摘自甘肃日报）

专家点评：

统一市场监管体系　打造有序市场环境

行政机构为市场服务、为群众服务是政府机构改革的目标和方向，要突破目前地方政府机构设置中存在的职责交叉、政出多门、相互推诿掣肘等现象，机构改革就必须以服务型政府为导向，切实解决权力部门化、部门利益化等问题，着力推进政企、政资、政事分开，从而更好优化政府职能，提高行政效能。

机构改革难在何处？

全面深化改革是国家构建四个全面战略布局的重要环节和抓手，其中政府机构改革又是核心和关键，更是改革顺利推进的加速器。毫无疑问，向市场放权、向社会放权，以放权破题政府职能转变就变成了重中之重。加快形成政事分开、权责明确的体制，解决的就是行政化倾向浓、办事效率低、机构臃肿、人浮于事的问题，这就是向社会放权和“亮家底”，行政部门只负责决定“怎么办”，至于“怎么做”，怎么执行，归还给市场。政府核心职能的转变，实际上是“软件改革”，硬件好改，但软件涉及到利益调整分配、约定俗成的规矩等一系列根深蒂固的“潜规则”，所以“软件改革”是最难的。能不能重构政府价值，符合法治型、责任型、服务型、廉洁型“四型”政府标准；是不是真正放权，让政府职能只在“市场监管、社会管理、公共服务”这个框架内运行，考验的不仅仅是一城一池的得失，相当于政府自己给自己开刀，用左手砍右手，更需要壮士断腕、刮骨疗伤的决心和勇气，必须站在全局高度，以更大的政治勇气和智慧，凝聚力量，攻坚克难。

从历史角度看，政府管理模式分为“管制型”“管理型”“服务型”三个阶段，特别是进入新世纪以来，服务型政府已经成为了优化政府治理的一个重要方向。简单来说，就是不能让老百姓办一件事，跑断腿磨破嘴，去几个“衙门”，办一个证件盖许多章子，结果还要拖很长时间，所以要从根子上克服官僚主义烙印，让老百姓办事方便、生活方便。从时代特征来看，在后工业时期，政府机构主要按领域划分，领域和分野越多，行政层级和行政成本越繁复昂贵，所以确实到了必须改革的时候。但是政府机构改革又不能操之过急，不能在没有评估和科学判断的前提下贸然行事，因此在职能转变过程中，还需要同时建立绩效评估、责任奖惩等机制，这样才能真正提高政府效能，满足现代社会对政府的要求。过去的几次机构改革，作为尝试和探索，是值得肯定的，但也必须看到一些后续问题，那就是一些合并后新组建的机构，还是分属办公、貌合神离，并没有有机融合。所以机构改革和合并不是组织架构板块上的简单拼合，合并后融为一体才是改革目的，这也是机构改革必须面对和啃下的“硬骨头”。

嘉峪关如何破题？

这几年，嘉峪关市在全面深化改革工作中走在了全省前列，尤其是机构改革工作，呈现出力度大、范围广、调整彻底、职能优化等特点。继撤销全市所有街道合并社区，成立社会治理、城乡一体化、矛盾大调解、居家养老服务四大中心后，率先作为全省“三局合一”机构改革唯一的试点市，先行一步进行市场监管改革，将涉及市场监督管理领域的市工商局、质监局、食药监局的机构和职责整合，组建了市场监督管理局，构建起了一个覆盖生产、流通、消费全过程的监管体系。简单地说，过去在市场监管中需要派出三支执法力量，分不同监管内容去管理市场的行为，效果不尽人意，被形象地比喻为“三个大盖帽管不住一个破草帽”，现在机构合并以后建立了统一的市场监管体系、监管程序、监管力量，只需一个“大盖帽”就能搞定。

三局单独运行是许多地方的市场监管方式，三局合一之前存在有形与无形的围墙，带来的弊端显而易见，主要体现在“好事抢着管、责任推着走、难事都不管”。众所周知，原来的三局分设是计划经济的产物，在面临对市场经济的监管问题上，由于分段监管的弊端（质监部门监管生产、工商部门监管流通），导致市场监管出现盲区、死角。正是这些盲区、死角，加上职能交叉、界限不清所造成的“几不管”现象，让诸如毒牛奶、毒豆腐、毒豆芽等不少假冒伪劣产品横行肆虐。举个例子，现在市场上有很多从事豆腐生产的家庭小作坊，以前的监管模式下，从生产、流通到消费分别归属于质监、工商和食品药品监督三家来分段管理，这样的职责划分，很容易出现监管“空白”和“踢皮球”现象，也很难要求各监管部门之间形成强有力的执法合力。再如市场里出售的保健食品，有无标示归工商，质量合格与否归质监，是否有保健功效则属食药监部门。一旦发生事故，显然不是哪一个因素单独造成的，这就使得市场监管体系要么成为三家一起执法的“力量重叠”，要么陷入“谁管谁都不管”的真空。

具体到工商、质监和食药监这三个部门合并组建的问题来说，三局合一的思路，是从机构设置上解决原来职责交叉、界限不清的问题，对市场监管实现“一竿子插到底”，不留死角，可以视作在机构设置上与市场经济更为彻底的一次对接。从机构设置这个层面来看，工商、质监、食药监实现三局合一，显然达到了与市场“合拍”的效果，算得上是对历年来诸多市场监管乏力教训的一次“亡羊补牢”。实现与市场的无缝对接，机构合并是非常重要的一步。嘉峪关市这次三局合一的机构改革，是一次有针对性的划分职能、调整运作机制的改革，其真正的意义在于完全打破原有的部门格局，重新进行职能、机构、资源的优化组合，力求实现市场一体化、全过程、高效能监管。通过观察市场监管效果的反馈来看，嘉峪关市的这次机构合并，在整合制度安排、机构人员、业务工作等方面正渐露实效，总结出了越来越多可复制的经验。以餐饮业办理相关证照为例，过去需要依次到食药监局的餐饮许可窗口办理“餐饮服务许可证”、工商局的注册登记窗口核发“营业执照”、质监局的代码证办理窗口核发“组织机构代码证”。而整合后，他们将原三局的窗口合并成立一个服务窗口，统一受理核发各类营业执照、许可证、组织机构代码证，群众通过一个地方就能办理上述相关证照。不止如此，他们整合原三局的 12315、12331、12365 三个举报投诉平台，设立了一个覆盖消费维权、食药安全、产品质量安全等多方面的综合举报投诉中心，统一受理、统一分配、统一指挥，此举无疑更为便民、更为高效。

下一步如何深化？

三局合一并不是简单的改个名字、换个牌子，有针对性地解决影响履行职能、滞缓办事效率的梗阻问题，更为重要和艰巨，也更需要下长期的功夫。除了暂时显现出来的这些特点，我认为三局合一还要注意处理好以下方面的问题。比如，合为一家后，三局原本互不统属的市场监管信息库，要尽快连为一体，形成共用信息平台；内设机构必须按照数量更简、效率更优的原则，大幅度地整合压缩；把原来习惯于坐办公室的机关干部，更多地充实下沉到执法一线，既要让人“下得去”，更要让积极性“上得来”；此外，由于管理架构的变化，三局合一后，在办事流程、监管体系、乃至内部工作机制上也要大刀阔斧改革，更好地适应市场监管一体化的新形势、以及市民和企业的办事需求，坚持问题和目标导向，产生“1+1+1>3”的改革效应。具体来讲从以下几个方面狠下功夫，让新组建的市场监管局从“物理组合”走向“化学融合”，努力当好市场监管主力军。一是以商事制度改革和行政体制改革为主线，加强涉及多领域审批、监管、执法等政策法规的学习培训和流程管理，大力推进并联审批，试行“三证合一”制度和全程电子化登记制度，深入推进实施商标战略，促进产业、企业和品牌错位优化发展。二是要扎实做好市场主体信息公示和抽查工作，推行市场主体监督检查新机制，推行“一支队伍执法”和综合执法，重点查处危害人民群众生命财产安全、侵犯消费者合法权益的案件，实施有效的市场行为信用规制。三是要充分运用放心消费创建消协工作平台，探索手机终端投诉平台等模式，充实加强消协队伍，努力形成行政监管、社会监督与行业规范相结合的社会共治新机制。四是要严格落实依法行政，把法治要求落实到市场监督管理的各个方面与各个环节，建立执法全过程记录、公职律师、法律顾问制度，健全法律法规宣传教育机制，促进市场主体和消费者自觉守法、遇事找法、解决问题靠法，提高依法行政水平。

（侯万锋，甘肃省社会科学院法学研究所副研究员。）

案例五：嘉峪关文化旅游的融合发展之路

由嘉峪关文旅集团和深圳华强投资的嘉峪关方特欢乐世界从五月一日开园以来，在省内乃至西北甚至全国名气急剧上升，已成为嘉峪关旅游的重要品牌，带动了旅游业以及整个第三产业的发展，2015年上半年第三产业增加值增长13.5%，增速位居全省第一。其中“方特”带动上半年全市盈利性服务业增加值增长2.4倍，旅游总收入增长26.31%，旅游人数增长33.31%，住宿业营业额增长30.1%，餐饮业营业额增长27.7%。

2011年11月18日，投资概算20.3亿元的嘉峪关文化遗产保护工程拉开了序幕……嘉峪关文化遗产保护与展示工程，是三大子项目之一。该项目在实施嘉峪关长城本体保护项目基础上，以真实完整地保护嘉峪关的全部遗产价值为根本目的，做到生态恢复与环境保护相结合，与地方社会发展统筹协调。项目核心展示区规划面积3.5平方公里，批复总投资11.47亿元。目前，文化遗产监测中心和游客服务中心主体已完工，区域内环境整治、园林绿化等工程已同步实施，预计于2017年完成全部规划建设内容。

该项目建成后，将有效改善嘉峪关长城世界文化遗产的保护状况，全面提升遗产监测管理和展示服务水平，带动周边区域旅游、文化等相关产业发展，更好地发挥文化遗产保护的综合效益，最终实现嘉峪关文化遗产价值的可持续合理利用。

（摘自嘉峪关日报）

专家点评:

山水巍巍　文质彬彬

——嘉峪关市文化旅游发展印象

因为工作关系，这些年我多次去过河西、到过嘉峪关。无论是乘飞机在空中俯瞰，还是高铁疾驰而至，每每靠近嘉峪关，总是远远就嗅到历史与文化的气息。徜徉在曾经胡风汉韵交织的街市之间、山水之畔，消受着纯正烤羊肉的劲爽，聆听着略带西域粗犷气息的普通话，总有一种说不出、道不明的感觉包围着你，督促你去思考这座城市的魅力与个性所在。我总结，嘉峪关就是个“特别”的地方，这“特”既体现在她自然风光的雄浑壮美，也体现在她经济发展的强劲势头，更体现在文化旅游的深厚潜力。无论你是初至还是重来，感受着这里祁连雪山远耸的天地境界、势压陇云的巍峨关城、精心营造的河湖风光，一定能在丝路的高天厚土和大漠的落日余晖里，清晰看到古老生命的刻度、体验到历史文化的深度、领略现代旅游发展的炽热温度。

徜徉在雄关大地，处处皆是美景，面面自有大观，无处不显风情。在这里，无论何时你都绕不开祁连山，躲不开它强大的气息包围。在亚洲距离城市最近的“七一冰川”中，蕴藏了巨大的固体水库，孕育了讨赖河水和草湖湿地两大天然水域，与黑山水库、东湖、南湖等星罗棋布的人工湖共同构成了城市之肾。在这里，你可尽情领略祁连山脉与大漠戈壁的雄浑壮美，天然湿地与人工湖泊的宁静优美，历史人文景观与山水自然景观的交相辉映，古代文物建筑遗址与现代文化科技设施的浑然一体，仔细品咂嘉峪关“山似英雄水美人”的山水文化审美大观和熔铸古今、畅通新旧的卓绝历史情怀。

嘉峪关以关而名的历史有640余年，这里作为丝路古道的咽喉，吸引少数民族英豪在这里纵横驰骋的历史，则足有千年之久。远至汉唐，这里就是联通西域内外、驿站往来和军事战略的重镇。在危崖高耸、流水潺潺的黑山中，蕴藏着古人拙朴无华、直抒胸臆的石刻岩画，充满了古老的情怀与智慧。我常常想，在那样久远的时代，在这样辽阔的大地，仅仅是坐下来休憩，哪里都是好山好水好风光的地方，以至于顺手磋磨、刻石成画、象形赋彩。在市区东北被胡杨区隔成块状的戈壁上，有深藏地下的距今千年之久的魏晋壁画墓，内藏的砖画简括圆融、笔力疏朗、颜色深沉，在中国美术史上具有很高地位，其中一幅驿使图因其造型准确、神态飞扬、气势逼人，被选作中国邮政的标志。就嘉峪关而言，她的气质在那个遥远时代就已经通过那些部落神职或无名智者的几笔勾勒，得以自立、阐释和传承。

历史走到明朝，安徽人冯胜无疑是嘉峪关在她的历史中遇见的一个贵人、一个智者和一个启示者。自江南之地来到北方之域，能够在多少代英雄人物打马走过的地方，一眼看出其风水、地理、格局之紧要，心中勾勒出控扼丝路咽喉的一张大地图，其见识与谋略自不待言。一座关城的修筑，定下了一座城市的格局，开启了一段伟大的叙事，足为千年丝路做一总结和浓缩。站在雄关的城楼上望月，芦花深处传来阵阵雁鸣。我常想，60年前来到这里的第一代新中国建设者，朝看山、暮见关，也许是艰苦奋斗中的一点格外恩赐吧。正是他们的极大付出，赋予了这座城市第二次生命，也就自此完整建立了这座城市文化自立的特殊品格。

就我了解所及，新时期以来，历届嘉峪关的建设者与管理者都将文化旅游作为这座城市最大的优势和最大的特色，一代代的实干与付出，终结今日之繁果。我想，如果一座城市能够将自己祖先遗留的古物之保护，将身处的环境之优化，当作他们义不容辞的重大责任，当作他们引领发展的重大战略，足见其有着文化之良知、发展之良计、远见之良谋。

这些成绩，如果需要概括、可以总结的话，我很愿意将之称为文化旅游融合发展的“嘉峪关模式”，这个模式的主要特点就是新旧一体、多元组合、文化引领和体制保障，正是借助优势、发展特色，才形成了嘉峪关文化旅游“井喷式”发展的好局面。

在这里，我集中说说“新旧一体”。我认为，这是嘉峪关市文化旅游发展在关城为主基础上的一次大创新、一个大突破。这个突破就是方特欢乐世界项目的引进实施，她的横空出世，完全改变了嘉峪关市旅游业的版图。没有方特欢乐世界之前的嘉峪关旅游业，仅仅就是嘉峪塬上那座矗立了640年之久的明代关城，其作为明长城的起首，早已驰名中外，有着恒久不迁的吸引力和无与伦比的视野冲击力。其文化价值，尤其是现代的旅游业价值，不仅在全省乃至全国和世界上都是独一无二的遗存。随着方特欢乐世界的引进，实现了嘉峪关旅游业的“比翼齐飞”，体验、互动、娱乐为特色的旅游业经营模式，填补了嘉峪关旅游的空白，补齐了嘉峪关旅游的短板，与关城一道形成了一新一旧、南北对望的旅游业新格局。那些慕名而来的客人，可以在关城留恋之后，来一趟奇幻之旅，让古之悠思在高科技体验中沉淀；可以在方特尽兴之余，走一段厚重的文化之路，让久困世事之笼的心情在重楼危关中消散。文化寻根之旅和体验放松之游相结合，整体提升了嘉峪关旅游的品质，形成了新旧互补、新旧一体的全新格局。我还了解到，嘉峪关市在关城对面规划的丝绸之路文化博览园项目正在加快推进，我们有理由相信，到了该园落成之时，嘉峪关旅游的“三足鼎立”将更为稳固、坚如磐石。

嘉峪关除了挖掘关城这个最有历史份量与文化价值的品牌、方特欢乐世界这个最具活力与时尚的品牌外，在开发其他景点上也是做足了文章、下足了功夫。尤其是围绕天下第一墩和讨赖河大峡谷打造的全新景区，是嘉峪关市开发旅游资源的一个较为成功的案例。我也了解到，当地正在积极就讨赖河大峡谷申请国家地质公园的认定，如果这一目标得以顺利实现，那么对嘉峪关市的旅游业又是一大福音。我之所以这么说，是因为我一直以来有个想法，就是嘉峪关不仅应当发挥关城文化旅游的优势和方特体验旅游的特色，而且，应该永远要保持大漠旅游、西域揽胜和丝路寻奇的魅力，如果在这一点上认识不清或工作不足，对嘉峪关的旅游业长远发展都是一种遗憾。

作为一直以来关注甘肃省旅游业发展的研究者，我认为，嘉峪关旅游还有一张好牌，那就是新城草湖国家湿地公园的开发。湿地在古代的西域，是人类生存和生活的重心和焦点之一。尤其是其秋水共大漠一色、芦苇与胡杨共生、长河与落日相辉的画面，光想想都是一种震撼、一种享受。嘉峪关新城湿地作为嘉酒地区重要的生态资源，其开发利用将进一步加深人们对湿地重要性、特殊性和不可再生性的认识。其作为文化旅游资源，尤其可以让在嘉峪关感受大漠关城和科技之旅后，再在水畔柳岸和微波荡漾中，体验嘉峪关的另一种大美，使嘉峪关旅游既可发思古之幽情、享受体验之梦幻，也可摆脱俗务之牵绊，在莺飞草长中、在绿水拍岸里，寻一方蕴藉心志、收拾心绪、平和心情的所在。

其实，我对嘉峪关旅游业历史古迹、现代体验和自然风光“三大件”的关注，都围绕着另外一个更高层次的期许。那就是嘉峪关旅游必须突出文化引领这个关键。“质胜文则野，文胜质则史，文质彬彬，然后君子”，圣人斯言与旅游若合符契。关城是明王朝羁縻西域、开疆拓土的标志，它不是守成的古迹，而是历久弥新的宣示，宣示的是开拓进取、开放包容的精神。无论是方特欢乐世界，还是正在兴建之中的丝博园项目，还是渐具规模的观礼古镇，不应仅仅定位于一个娱乐和旅游项目，而应定位在传播丝路文化和文明的高度，惟其如此才可在较长的生命周期里，发挥作用、吸引游客、展示风采。没有文化含量和文明塑造功能的旅游注定没有灵魂，也就没有价值。我们发展旅游业，说小了是发展经济、改善民生的需要，说大了是完善人格、健全文明的必须。登高以自广、远游而高志、交流而健旺，在这个意义上，发展旅游是培养成熟之人格、健全城市之品格、提升文明之性格的必由之途。

我还要说说这其中也有一些不小的挑战，需要嘉峪关旅游相关人士思考和重视。比如，高层次的文化旅游产品开发尚未形成规模，未来可以在魏晋画像砖工艺品、祁连玉石、戈壁砾石等开发上多花功夫。再比如，长城博物馆、城市博物馆、气象博物馆等馆藏丰富、体验新颖，大剧院、体育场等现代建筑代表了甘肃省公共建筑设施的一流水平，酒钢和紫轩葡萄酒庄发展现代工业旅游和农业观光条件得天独厚，这些资源需要加大宣传推介力度。同时，由于嘉峪关旅游的季节性很强，未来如何提升这些景点冬季旅游的吸引力，不因季节更替而出现明显的大起大落，是一篇大文章，这不仅需要“两园一关”进一步挖掘自身潜力，更要加大在营销、产品、服务等方面的融合与互促。此外，要保证丝绸之路文化博览

雄关晨曲

园项目在建筑风貌、总体布局等方面，既与关城的历史价值和视野格局保持一致，也要重视与世界文化遗产公园的完美融合，保证文化遗产公园规划的一致性、协调性。

我还了解到，近年来嘉峪关在发展旅游业上，不仅在“硬件”上多有大手笔，在“软件”建设上也是不遑多让、屡有实招的。比如，他们先后组建了文旅集团和水文化集团，按照改革的思路、市场的办法推进基础设施提升和资源环境统筹，为旅游业的长期发展提供了强劲的体制机制保障，这是探讨旅游的“嘉峪关”现象不能忽视的一个关键。正是这些“实招”和“高招”，才造就了今日嘉峪关 200 亿元级的文化旅游产业园区，这样的大手笔、高密度的文化旅游投资在全省实为罕见，其效果已经显现。据了解，嘉峪关市第三产业比重在 2015 年上半年已超过 35%，这对一个老工业基地城市来说难能可贵。

嘉峪关发展文化旅游这条路，是非常正确和明智的，未来任何时候都不能动摇，“新旧一体、多元组合、文化引领、体制保障”这 16 个字，既是我对嘉峪关近年来发展旅游的粗浅概括，也是我对他们未来发展文化旅游业的一点期待。将来，如果能在商贸、购物、休闲、住宿、会议、展览等方面为游客提供更多产品和更多选择，那么我们就有充分理由相信，嘉峪关市作为西部旅游高地和丝绸之路旅游目的地的地位一定会更加重要，嘉峪关在全省乃至西部旅游中的地位将会愈加巩固，山水巍巍、景文相生、天人合一的至美至高境界也就不远了。

（卓杰，甘肃省美学研究会秘书长、西北师范大学教育学院教授、硕士生导师。）

案例六：嘉峪关市城乡一体化建设取得新突破

近年来，嘉峪关市不断开拓创新城乡一体化建设工作，在农业发展空间、基础设施建设、社会事业管理上取得了新突破。

坚持重点产业培育、项目示范带动的主导思想，拓宽农民增收渠道。一方面，加快产业结构调整步伐，培育食用菌种植、花卉育苗、高效制种等特色优势产业；另一方面，发挥工业城市比较优势，大力发展餐饮、休闲、运输等非农产业，促进农民在二三产业稳定就业。据统计，三镇有5000多名农村劳动力在园区常年或季节性务工，农民从非农产业获得的收入比重达到50%以上。

以“双联”行动为载体，解决了一批农产品销售、交通水利、环境整治、文化体育场所建设等实际问题。实施了新城镇横沟土地整理项目，启动了断山口河治理、拱北梁水库维修加固、峪泉镇小城镇水源扩容二期、山洪灾害非工程措施项目等水利工程。

巩固和深化城乡户籍制度改革成果，强化农村公共服务，推动城乡就业、社保、教育、医疗加快实现均等化。重点实施农村薄弱学校改造计划、农村学校食堂改造和学生营养改善计划，全面提升农村学校管理水平和教师教学能力。加强农村卫生技术人员培训及技术引进，完成了新城镇卫生院、文殊镇卫生院建设。组织实施了农村中心敬老院综合养护楼建设工程。

（摘自中国甘肃网）

专家点评:

嘉峪关城乡一体化建设实践的借鉴意义

关于城乡统筹发展落脚点的选择，学界、政府和社会各方面的看法见仁见智。有人把工业反哺农业作为选择的依据，认为城乡统筹发展的落脚点应该放在加快工业化进程上，让更多的农村劳动力通过转移进入现代城市产业部门就业；也有人把城市带动农村作为选择的依据，认为城乡统筹发展的落脚点应该放在加快城镇化进程上，不断扩大城市规模，让更多的农村人口进城转变为城市居民；也有人把城乡经济发展和公共服务存在的巨大差距作为选择的依据，认为城乡统筹发展的落脚点应该放在加快经济发展上，经济发展了才有可能实现社会事业的发展，才有可能实现城乡公共服务均等化，不同的选择依据产生出不同的实践行为和结果。

嘉峪关市总人口24.8万人，城市化率达到92.3%，“城市大、农村小”的特征非常明显，这也为嘉峪关提高城乡一体化和新型城镇化质量奠定了较好的基础。嘉峪关市统筹城乡发展、实施城乡一体化和新型城镇化建设的实践和经验表明，从发展经济、消除城乡差别和地区差别、发展社会事业和提供公共产品等方面看，政府在城乡统筹发展中负有重要责任，应该成为城乡统筹发展的主要推动者。政府尤其要重视农业、农村，特别是农民在城乡统筹发展中的利益诉求，根据经济

魅力钢城

社会发展的进程，按轻重缓急解决来自农民的不同利益诉求，坚决防止侵占农民田地、损害农民利益等情况造成农民“被城镇化”和“被统筹”。

加快工业化进程是我国经济发展的要求，也是当前和今后国民经济发展的重点。但是，城乡统筹发展如果以工业等现代产业为落脚点，容易激发政府部门重视现代工业的发展而轻视现代农业的建设，影响生产要素在产业部门之间的配置，影响工业部门与农业部门稳定协调的发展，从而在两部门之间造成新的发展差距。这不仅不利于统筹两部门的利益分配，反而会继续扩大利益分配的差异，形成先进的工业部门与落后的农业部门并存的状况，影响农村经济社会发展。

把城乡统筹发展的落脚点放在城市而不是农村，容易忽视农村的发展。城镇化是工业化和现代化的必然结果，从大量农村人口最终将转变为城市人口的趋势出发，强调城乡统筹的落脚点应该放在城市建设与发展的认识看似合理，但因片面强调只有城市建设一个落脚点，容易引发盲目追求建设大城市和特大城市的造城热。城市越造越大、越造越漂亮的同时，由于忽视了农村的发展，农村落后面貌因得不到重视而难以改变，形成现代化城市与落后农村并存的格局，产生新的城乡二元结构。显然，只有城市一个落脚点的城乡统筹是不合理的。

把加快经济发展作为城乡统筹唯一的落脚点和抓手，在城乡统筹过程中容易忽视公平在经济社会发展中的重要作用，造成只重视经济发展，不重视社会事业和公共服务，导致经济社会发展不平衡，不仅达不到加快经济发展的目的，反而

还会因为公平问题而影响社会稳定。因此，城乡统筹的落脚点不是只有城市或者只有农村，也不是只有工业或者只有农业，更不是只有经济或者只有社会事业和公共服务，它的落脚点应该是工业和农业、城市和农村、经济和社会的多重组合。城乡统筹就是要统筹城乡经济社会的各个方面。

嘉峪关市在统筹城乡发展过程中落脚点的选择与主要做法，不仅符合统筹协调发展的总体要求，也切合嘉峪关的实际情况，很好地兼顾了城乡居民的发展期盼，总体看是比较成功的实践，其基本做法和经验值得总结，也对其他地方的城乡统筹发展具有借鉴意义。

一是注重规划指引。为推进城乡统筹发展，嘉峪关市坚持工业向园区集中、人口向城镇集中、土地向规模经营集中，编制了《城镇化建设总体规划》和基础设施、产业发展、公共服务等多个专项规划，形成了较为完备的规划体系，实现了各项规划的有效衔接，各项城乡统筹工作有条不紊地推进。

二是注重民生为本。嘉峪关市在城乡统筹发展方面，坚持民生为本，不管是"三化并进""五个一体化"和"八个配套"，还是在财政投入方面，都将城乡居民置于平等地位，关注城乡居民的生产和生活，使城乡统筹发展牢固地建立在保障和改善民生的基础之上。

三是注重农民主体地位。嘉峪关市的城乡统筹注重农民的主体地位。如统一户籍管理，给农民与市民同等的身份待遇，保障了农民的应有权益；扩展土地承包经营权登记，实施股权化合作与经营，切实保障农民的财产权；建立新型农村合作经济组织，建立城乡建设用地流转制度，切实保障了农民的发展权。由于消除了对农民的身份歧视，保障了农民的财产权和发展权，使农民有尊严、有资本地参与市场经济活动，极大地调动了农民的积极性，对于破除城乡二元结构有积极作用。

四是注重城乡互动融合。在城乡统筹发展方面，嘉峪关市已经提升了"以工促农、以城带乡"这种辐射带动的发展能力，进而更好地维护农村居民的公民权、财产权和发展权，使城乡处于平等的地位，形成了"以工带农、以农促工，以城带乡、以乡促城，城乡互动、融合发展"的局面，极大地丰富了城乡统筹发展的内涵。

五是注重制度建设。嘉峪关市在城乡统筹发展方面注重规章制度建设，先后制订并实施了一系列政策文件，如《城乡一体化建设工作要点》《统筹城乡综合配套改革试验总体方案》等政策措施，以此为基础又出台了城乡卫生、生态环境建设、建设管理等一体化实施意见，土地流转、农村税费、土地户籍管理、财政金融、社会保障等配套措施，为形成城乡统筹发展长效机制提供了强有力的政策依据。

六是注重组织保障实施。为保障城乡统筹工作的有效实施，嘉峪关市在市级层面成立了统筹城乡一体化发展领导小组和相关专项推进工作组，制定总体规划，详细安排部署，层层分解任务，由此形成了统筹协调、分线推进、分级负责、上下联动、执行顺畅的工作机制，为统筹城乡一体化发展提供了强大的组织保障。

（张慧，兰州城市学院旅游文化学院副教授。）

案例七：绿染雄关满城春

——嘉峪关生态文明建设纪实

秋日的嘉峪关市，在蓝天雪峰的映衬下，碧水绕城，树木苍翠。走进市内，宽阔笔直的道路绿树遮阴，镶嵌绿地的小区花团锦簇，大大小小的公园星罗棋布。不出城而赏园林之美，身居闹市便享花香之怡，这样的“生态宜居宜游宜业家园”梦想，对身处戈壁滩的嘉峪关市民而言，已渐行渐近。多年的生态文明建设，让这个昔日戈壁滩上的边陲小镇，变成了一颗冉冉升起的“绿色明珠”，吸引着世人的目光。

“嘉峪关市自然条件严酷，生态环境脆弱，我们必须把改善生态环境作为实现城市科学发展、和谐发展、可持续发展的根本性、基础性工作来抓，放在与经济社会发展同等重要的位置同部署、同规划、同推进，努力走出一条经济发展与生态建设双赢的新路子。”嘉峪关市委书记郑亚军说。

当人们走进这座美丽的城市，耳闻潺潺流水、手扶葱郁绿色、满目广厦华栋，恍若置身秀美的江南水乡。广场上、公园里、街道边，闲适的人们在习习晚风中散步、聊天，沉浸于“林在城中、城在林中”的美好生活。水美了雄关，润了雄关。绿色成为这个城市的表情，成为旅游的名片，生态宜居之城嘉峪关正以独特的魅力让海内外游客流连忘返。

（摘自甘肃日报）

专家点评：

绿染雄关

嘉峪关，一座以雄关命名的城市，一座曾经被戈壁荒滩包围的城市。上世纪40年代，著名记者范长江造访了嘉峪关，他记载说："嘉峪关有小城一座，历年兵祸，城内已全废颓，城外有居民五六十家，街市房屋矮小破败，居民亦穷困无活气。这种艰难勉强维生的状况，怎能奢言绿化呢？"

30多年后，笔者来到河西走廊的玉门、酒泉工作，目睹了当时嘉峪关的状况。那时的312国道之南，是祁连雪峰下的茫茫戈壁滩。路北的市区，以河西走廊当时被认为以最阔绰的那座百货大楼为中心，叫"北转环"，四条马路向外辐射，四周百米内有一些建筑，除东面厂区外，其他方向数百米外也是无际的荒漠。新开的人行道两旁，光秃秃的没有一点植被，旁边都是高低不平的沙石堆和低矮的平房。每当刮风时，沙土飞扬，行人根本睁不开眼睛。雄关宾馆至北转环之间的新华路路西，有一个当时最热闹的商场，是在乱石堆中盖了一圈简陋的土平房，商店就设在平房里。平房中央依然堆满了石头和沙子，川流不息的人群只能在商店门前的两米宽的小路上循环。后来加盖了楼房，人们叫它"圈楼"，几经变迁，就成了现在的"人民商场"。嘉峪关至酒泉间只有20多公里，但只有一路公共汽车，一个小时发一趟，大约需要走40分钟。市区通向城楼没有公共车通行，因为到城楼观光旅游的人寥寥无几。物质匮乏、交通不便的1970年，为了省钱，也为了去城楼方便，我有时在星期天约上几个同事，带上干粮，骑自行车去登城楼。酒泉到嘉峪关是慢上坡，当我们骑行到城楼时已经是大汗淋漓，之后再到北转环的百货大楼和"圈楼"里逛上一圈，然后一路下坡骑回酒泉。

弹指一挥间，嘉峪关脚下已经沧桑巨变。几十年的社会发展、改革开放和这个过程中付出的代价，让嘉峪关人深刻认识到，在发展经济、提升经济地位的同时，必须切实抓好生态建设。严酷的生态环境曾使城市的当家人在创业初始就意识到，安居才能乐业。嘉峪关市的第一届党代会就把改变生态环境列入重要的议事日程。他们的初衷是，想尽一切办法改变恶劣的生产生活环境，让创业者能够安心扎根钢城，献身钢铁事业。

随着酒钢的崛起，钢城的经济有了较大、较快的发展，人们的生态意识逐渐

强化，开始追逐绿色、渴望绿色，动手向荒滩要绿色。可是在嘉峪关市植树谈何容易，它要比其他地方付出好多倍的努力。在其他地方植树不过是举手之劳，而对嘉峪关人来说可是一场极其坚苦的数十年的持久战。嘉峪关是严重缺水的城市，地表全是卵石沙土。在这里种草植树，必须更换土壤，首先要挖走大量的沙石，再从几十公里以外的地方拉土回填，成活的几率很低。

戈壁植绿，真是源于一种情感，一种生命对其他生命的呼唤。

大漠播绿，缘于每位雄关人对这座城市的挚爱和激情。他们把誓言化为不懈的努力，把服从安排转化为一种自觉行动，数十年的持久，数十年的坚持，终于在一个环境恶劣的荒滩上再造出了一个秀美的园林城市。

历届市委，市政府像接力赛一样，始终坚持生态文明建设，把园林绿化工作放在生态建设的首位，将生态建设纳入全市经济社会发展总体规划，逐年加大绿化投入。近三年来，每年投入都在1.5亿元以上，每年的绿化投入都是“十一五”的总和，创下了平均年增加绿地面积达170公顷的“嘉峪关绿化速度”。

与此同时，嘉峪关市做活、做好水文章，利用地下水和从城市旁边流过的讨

赖河水，相继建成了迎宾湖旅游园区、东湖生态旅游景区、明珠文化公园、讨赖河公园、飘带河等14处水域，形成了1000多万立方米的蓄水能力。这些湖泊不仅有力地调节了城市的气候，还通过蓄水保证了城市的绿化用水。

嘉峪关人以坚韧顽强的精神，托起了希望；嘉峪关人以科学务实的精神，托起了绿色。今天的嘉峪关市，建筑参差林立，街道整洁有序，湖面碧波荡漾，连绵绿荫，鲜花盛开，空气清新，活脱脱地将一个江南水乡浓缩并移植到了这里。人们在波光湖影中惬意地享受着宁静与安逸。不少旅游者面对此景此情，常为此惊叹：难道这就是昔日“出了嘉峪关，两眼泪不干，向前看戈壁滩，向后看鬼门关”的不毛之地？

一百多年前路径边关的仁人志士留下的“新栽杨柳三千里，引得春风度玉关”的美好愿景，终于在一代代钢城儿女的努力下变成现实。嘉峪关人的绿色梦，得以初圆。

绿染嘉峪关，绝对是一个奇迹。

（刘炘，嘉峪关市文化顾问，甘肃省政府文史研究馆研究员。）

案例八：住新家的日子越来越近了

——2015年嘉峪关市城市棚户区改造项目巡礼

作为一项重要的民生工程，惠民街棚户区改造工作正式启动。这是一场声势浩大的棚改攻坚战：千方百计破解征地拆迁、资金筹措等难题，坚持让群众利益最大化……这里的居民强烈地感受到市委、市政府关注民生的坚定决心和拳拳爱心。

棚户区改造工作中，“补偿”是住户最关心的事情。本着一切为了群众利益的原则，惠民街棚户区改造征收补偿通过货币补偿、产权置换和住房保障相结合的方式进行。选择货币补偿的，按照3000元/平方米均价给予补偿，经双方签订协议后一次性支付给被征收人。在产权置换方式上，我市住房拆迁补偿的亮点是实行1:1返还，这一点和全国其他省份，包括甘肃省其他城市都有所不同。还把困难住户纳入保障住房当中，让他们无后顾之忧。

除了以上补偿外，方案还规定：公建院落内的自建房按80元/平方米予以补助；原有房屋的装饰、装修，按每户1000元予以补助；搬迁补偿费每户800元；选择产权置换的，给予临时过渡安置补偿。同时，对按规定时间签订征收补偿协议的奖励1000元，对严格履约并按规定时间搬迁入住的再奖励1000元。

（摘自嘉峪关日报）

专家点评：

棚户区改造——让全面小康离百姓更近

近年来，国家高度重视棚户区改造，明确提出要把棚户区改造作为推进新型城镇化的一项重点工作来抓。2014年以来，嘉峪关市将棚户区改造纳入城镇保障性安居工程，逐步改善困难群众的住房条件，有效提升了城市综合承载能力，促进了经济社会全面协调可持续发展。

嘉峪关市是一座老工业基地，有“西部钢城”之称。在工矿企业发展过程中，出现了很多棚户区，产生了一些经济社会问题。加快棚户区改造，是棚户区居民的热切期盼。2014年，嘉峪关市决定用三年左右的时间，完成棚户区改造任务，不让任何一个困难群众在全面小康中落队。令人欣喜的是，短短一年的时间，嘉峪关以惠民街区为试点的棚户区改造工程顺利实施，并创造了棚户区改造工程“零上访”的奇迹。嘉峪关的棚户区改造工程，坚持了共享的发展理念，体现了社会主义制度的巨大优越性，为全面建成小康社会奠定了坚实基础。他们棚户区改造工作的经验和做法，值得其他城市借鉴和学习。具体而言，表现在以下五个方面：

1. 工作理念上，坚持以人为本。“小康不小康关键看老乡”，没有棚户区的小康就没有全国人民的小康。棚户区的居民多属于低收入困难群体，低保户和低保边缘户较多，经济收入往往很低，生活相对困难，他们对改善居住条件的愿望十分强烈。实施棚户区改造，是全面建成小康社会的一件大事，对身处棚户区的群众来讲，更是一件天大的事。嘉峪关坚持以人为本，把棚户区改造列为一号民生工程，围绕群众所需所想所盼，创新惠民思路，完善惠民政策，最大程度地让利于民。本着对群众负责的态度，坚持分类对待、普遍保障，坚持长期帮扶与短期救助相统一，坚持货币补偿、产权置换和住房保障相结合，让棚户区的居民住上优质房、放心房、满意房，实现了群众住有所居。这一重大举措充分体现了以人为本的工作理念。

2. 任务落实上，突出精准到位。解决棚户区群众的住房问题，需要政府发挥公共管理和社会服务职能。各地的棚户区改造经验表明，哪些地方党委、政府重视，那里的棚户区改造就能顺利推进。嘉峪关棚户区改造的一条重要经验，就是领导挂帅，坚持党委和政府主要领导亲自上阵、亲自部署、亲自落实。为顺利推进棚户区改造工程，嘉峪关成立了棚户区改造领导小组，统筹解决工作中遇到的重点、难点问题，如拆迁改造资金筹措、拨付和监管，以及改造工作的全程监督、审计等。党政主要领导曾多次开展调研，对棚户区改造给予具体指导，现场解决各种实际困难，为棚户区改造工作有力有序推进加档提速。各相关部门各司其职、密切配合，凡涉及棚户区改造的均打开绿色通道、实现快速办理，这些都为棚户区改造工作顺利开展节省了宝贵时间。

惠民小区

3. 推进机制上，注重灵活创新。棚户区改造是一项复杂的系统工程，政策性、公益性强。棚户区改造也不同于商品房开发，在一些城市，棚户区处于偏远地带，商业开发价值低，基础设施条件比较差，政府基本是纯投入。在当前经济下行压力加大，各级财政税收增长缓慢的情况下，推进棚户区改造就需要发挥各种平台的作用。嘉峪关结合市情实际，推行政府主导、市场运作的模式。政府负责总体的操作和实施，引导公共资源、社会资源、人力资源向棚户区聚集，利用公共财力和运作能力，对棚户区改造家庭提供不同程度甚至“兜底”的补助与保障。重视发挥市场的力量，推进投资主体多元化，最大限度地发挥市场优势，对涉及棚户区改造的人力、资金、技术等，采取与普通商品房相同的运作模式，由开发企业、金融机构、中介组织等通过市场方式来推进。同时，注重发挥群众的参与权、知情权和监督权，引导群众参与工程建设质量管理，实现了居民从“忧居”到“宜居”。这些案例为其他地方开展棚户区改造提供了可复制、可参考的鲜活经验。

4. 规划布局上，当前长远并重。棚户区改造不仅是住房建设问题，也是重塑城市形象的重大机遇。为此，棚户区改造要与城市总体布局、城市综合体建设、历史风貌街区保护有机结合，这样才能改善居民的居住环境，完善城市功能，提升城市品位，拓展城市发展空间。棚户区改造包括地上部分、配套设施、地下管廊建设等方面，牵一发动全身。嘉峪关在棚户区改造过程中，高标准高质量做好规划设计，统筹制定城市建设规划与棚户区改造规划，统筹考虑基础设施、公用设施与生态建设，做到了基础设施与市政设施无缝对接。坚持科学利用空间、工程质量优质、房屋结构合理、小区环境优美和智能化水平高的开发要求，打造了棚户区改造的样板工程。这些超前谋划，加上科学实施，实现了当前实际和长远发展的有机结合。

5. 保障措施上，重视公平公正。但凡涉及房屋拆迁改造，经常出现一些这样那样的纠纷。棚户区改造工作更是如此，利益诉求多、群众关注度高，一旦工作不到位，很容易引发群众上访或群体性事件，给棚户区改造工作带来重重阻力。要想棚户区改造工程顺利进行，必须坚持公平、公正、公开，设身处地为群众着想，充分激发群众参与、支持改造的热情。嘉峪关在棚户区改造过程中，结合群众普遍关注的热点焦点，面向社会发布公告，多方论证制定方案，组织社区入户宣传，公开公平摇号选房，主动接受质询监督，使改造工作符合了群众愿望，赢得了社会认可和支持。透明的政策、优惠的价格、贴心的服务、文明的拆迁，在改造过程中没有发生一起群体事件和安全事件，成为嘉峪关棚户区改造的吸睛之笔。

总之，从夏季漏雨、冬天钻风，吃水、如厕、供暖甚至行路都是难题的棚户区，到楼上楼下电灯电话、群众安居乐业的幸福回迁楼，群众从中得到了实实在在的利益。参与棚户区改造工程的党政机关也坚持为民务实清廉，深刻践行党的群众路线，架起了党和群众的连心桥，书写了共唱和谐美丽中国的生动实践。

（姬会然，山西大学马克思主义学院讲师，政治学博士。）

案例九：让孩子公平起跑

——嘉峪关推进教育均衡发展纪实

位于嘉峪关南市区的酒钢三中新校区内，教学楼、实验楼、办公楼、宿舍楼等一幢幢建筑拔地而起。这个占地285亩、投资2.8亿元的新校区，将成为全省第一所寄宿制独立重点高中学校。

按照“加大教育投入，改善办学条件，打造安全校舍，创办一流学校”的目标，近3年嘉峪关市先后投资6.4亿元，着力实施学前教育推进工程、农村学校建设工程、校舍安全改造工程，形成了学校布局合理、校舍安全可靠、资源均衡配置的教育新格局。

家门口的学校就挺好

家长选择学校，很大程度上是择名气、择成绩。与许多家长一样，斐斐的爸爸李先生也经历了一次“择校”的心理斗争。“比较来比较去，各校都差不多，家门口的学校就挺好。这几年市上大力发展均衡教育，是真心为老百姓做好事。”李先生说。

为加速义务教育均衡发展，实现教育资源最佳配置，嘉峪关市除了通过标准化学校建设和联盟校工程缩小各校间软硬件差距外，还依据区域地理、人口分布、经济社会发展现状和未来发展趋势，坚持“划片招生、就近入学”原则，积极、稳妥、有序地规划和调整义务教育学校布局，满足学生在规定服务半径内就学的要求，为义务教育阶段的中小学生“就近入学”创造了前提条件。

学前教育全面提质

2012年，嘉峪关市投入6270万元，将市第一幼儿园等7所城乡公办幼儿园新建、改扩建项目列入为民所办10件惠民实事之一，实现了所有项目当年开工、当年投入使用。3所镇中心幼儿园的建成投入使用，结束了嘉峪关农村没有高标准公办幼儿园的历史。2013年，嘉峪关市又投入2430万元，对市第三幼儿园、第四幼儿园进行改扩建，并将农村3所村小学闲置校舍改造为幼儿园。

嘉峪关还提出了学前教育发展新思路，确立了“划片帮扶、抱团发展”的模式，将全市50多所民办幼儿园按区域划分为6大片区，由6所公办幼儿园实施对口管理帮扶，达到了片区内公办和民办幼儿园组团发展、互相促进、共同提高。

加大投入促城乡均衡发展

为了促进城乡教育公平，嘉峪关市不断完善城乡校长和教师交流机制，推行教师交流和学校对口支教制度，使城乡校际间教师专业、学历、专业技术职务结构达到基本均衡。

同时，嘉峪关市加大对农村学校的建设投入，除对农村学校校舍进行新建、改建、扩建外，还大力推进“三通两平台”建设，为各学校新建、改建功能教室，配备触控一体机、交互式电子白板等教学终端设备，完成教育信息化建设工程。

“不论是城里的老师，还是农村的老师，只要一点鼠标，就可以登录教育城域网，通过网络平台进行交流互动，实现资源共享。”市教育局电教科负责人说。

（摘自甘肃日报）

专家点评：

公平分享教育阳光　同心共筑幸福城市

近年来，实现教育公平、促进教育均衡发展、全面提高农村教育质量成为全社会的普遍呼声。但由于长期以来我国基础教育投入和管理体制等方面的问题，造成城乡之间、区域之间教育的不均衡发展。优质教育资源的稀缺，学校之间办学水平的较大差异，导致择校、借读等教育问题不断滋生蔓延，造成了严重的教育不公平现象，引起了公众的广泛关注。

比如，一些城市集中优质教育资源建设“标志性学校”或“示范性学校”，而乡村学校则硬件和软件均不达标；有的城市学校建设超标准运动场、健身房等豪华设施，而有些乡村学校却为必要的教学材料大伤脑筋；一些城市的重点班、

嘉峪关市酒钢三中新校区

大班生源超额等情况屡禁不止，而农村基层学校却生源减少、教师流失……种种现象表明，虽然“有学上”的问题已基本解决，但“上好学”的问题依然突出。解决这些问题，根本出路在于推进义务教育均衡发展。

对一个城市而言，教育不仅是城市软实力的内在反映，也是城市发展水平的重要指标之一。嘉峪关市着眼于人民群众对“上好学”的热切期盼，把城乡教育均衡发展作为教育适应经济社会发展需要、促进社会公平的重要措施，以区域内均衡发展为目标，以政府投入为主体，以资源合理配置为抓手，以体制机制建设为保障，全市教育呈现出均衡发展、内涵发展、协调发展蓬勃气象。特别是嘉峪关始终孜孜以求地执着守望，在教育方面加大投入、科学布局、促进内涵发展，做出了引人注目的成绩。

亮点之一：投入力度大

教育投入是教育事业发展的物质基础，此中道理不言而喻。进入新世纪以来，

国家不断完善中央财政和地方财政分项目、按比例分担的农村义务教育财政投入保障机制。在此基础上，实现了城乡免费义务教育，中国义务教育进入了一个快速发展的新时代。但从总体上看，由于区域经济发展的巨大差异，中西部很多地区的教育依然存在着投入不足、管理制度不完善等方面的问题。

众所周知，教育事业是社会建设和改善民生的重中之重，也是这个地方长足发展的根本条件。求木之长者，必固其根本；欲流之远者，必浚其泉源。忽视教育、吝于投入，经济社会发展就成了无源之水、无本之木，无从谈起。嘉峪关市委、市政府正是基于这样一种共识，在科学规划教育发展的基础上，不断加大教育投入，促进当地教育的公平、均衡、优质、特色发展。

都说一方水土一方人。也许是受脚下那片广袤热土的滋育，也许是经大漠朔风的锤炼，嘉峪关人生性慷慨豪迈，做事往往大气磅礴。且不说嘉峪关市委、市政府近 3 年投向教育的 6 亿多元，单凭坐落在讨赖河畔的嘉峪关市酒钢三中，就

嘉峪关市酒钢三中新校区

足以彰显嘉峪关对教育的热情与虔诚，折射钢城儿女的豪情和气魄。大胸襟，大民生；大视野，大教育。在 30 万人口的西部城市建成一所堪为全省标杆的现代化学校，即使算不上石破天惊的非凡杰作，但也绝对是地方教育中浓墨重彩的点睛之笔。

亮点之二：布局讲科学

从20世纪90年代中后期开始，随着农村学龄人口不断减少和城镇化水平的不断提高，我国农村地区特别是中西部农村地区学校生源不足、学校布局分散、规模小、质量低的矛盾日益突出。为了解决这些问题，我国开始了新一轮的农村学校布局调整，这在一定程度上改善了办学条件，优化了教师队伍配置，提高了办学效益和办学质量。但同时，农村义务教育学校大幅减少，导致部分学生上学路途变远、交通安全隐患增加，同时也引发了寄宿制学校管理困难和部分学校班额超标等问题。

客观地讲，农村中小学的布局，与经济社会发展、城镇化推进的大背景紧密联系，布局调整适应了城镇化发展的要求，其目的在于重新整合教育资源，改善农村办学条件，提高教育教学质量，帮助贫困地区儿童更好地完成义务教育。但不可否认的是，在大规模展开的农村学校布局调整进程中，也出现了过急、过快，一刀切的倾向，不仅使布局调整的效果大打折扣，更引发了社会关切、舆论关注。如何才能实现资源优化整合，保障每个孩子享受优质教育的权利？在这方面，嘉峪关市的探索同样值得借鉴。

随着经济高速发展和城市化的快速推进，嘉峪关市农村学校布点分散，城市教育资源不足等问题日益显现。为了加速基础教育均衡发展，实现教育资源优化配置，嘉峪关市依据区域地理、人口分布、经济社会发展现状和未来发展趋势，坚持“划片招生、就近入学”原则，科学规划、稳妥有序地调整义务教育学校布局，满足了学生在规定服务半径内就学的要求，为义务教育阶段的中小学生就近入学创造了前提条件。

亮点之三：资源促共享

教育是公益事业、民生事业。教育事业的公益性和普惠性，决定了教育事业的根本价值旨趣在于满足人民群众接受优质教育的需求。然而实际情况是，教育资源分布尤其是优质资源严重不均衡，根本上难以满足群众对优质教育的迫切需求。仅就师资而言，优秀教师多集中在少数重点学校，很多学生缺乏优秀老师的指点和教导。一段时间以来，“优质教育资源共享”成为人们津津乐道的话题，课程资源共享、云教育平台互动、优秀教师柔性流动……各地的做法不一而足。

面对资源有限性和人民群众优质教育需求之间的矛盾，嘉峪关市通过调整和优化教育资源的配置方式，改变教育资源的供给模式，盘活了现有的教师资源，提高普通学校特别是农村薄弱学校的教育教学质量。让有限的资源发挥最大限度的作用，也使不同地区和校区的学生有均等的机会共享优质的教育、教学资源。

为了使城乡校际间教师专业、学历、专业技术职务结构达到基本均衡，嘉峪关市积极推行城乡教师交流和学校对口支教，加大分类分层分岗培训力度，兼顾做好“流动”和“提升”两篇文章，为学校发展、教师成长注入了源头活水，很好地化解了愈演愈烈的“择校”“择师”问题。不仅如此，嘉峪关市还借助教育信息化建设工程，大力推进“三通两平台”建设，发挥现代远程教育的作用，实现了城乡学校优质课程资源的共建共享。

亮点之四：发展拓内涵

教育质量是教育工作的出发点和落脚点，是教育存身立命之本、发展壮大之基。提高质量是教育从侧重外延扩张向更加关注内涵发展、特色发展转变的必然趋势。什么是教育的内涵发展？有人概括为相对于规模发展的质量发展、相对于粗放发展的精细发展、相对于同质发展的特色发展、相对于模仿发展的创新发展。归根结底，教育内涵发展就是更加注重教育规律的发展。

推动教育内涵发展，需要先进的教育理念，也离不开业务精湛的一流名师和特色鲜明的一流名校。为了充分发挥强校优质资源的辐射带动作用，各地纷纷探索强弱搭配、抱团合作的教育发展之路。有的地方尝试建立了以优质学校为依托，以周边或城乡学校为联合的“教育共同体”，有的地方推行“1+x”学区制，有的地方实施了学区化集团化办学，使“家门口的好学校”形成了一定的覆盖面。嘉峪关市在标准化学校和联盟校建设工程方面，不仅实现了从小学到高中一体的“5321”联盟校模式，而且在学前教育发展中确立了“划片帮扶、抱团发展”的模式，呈现出以点带面、梯队化发展的趋势。同时，嘉峪关把联盟工程与办好每一所学校结合起来，充分调动学校的办学积极性，鼓励学校特色发展，努力培植教育品牌，营造了良好的教育生态系统。

教育强则城市强，教育兴则城市兴。随着教育改革发展的时代脉动，不久的将来，嘉峪关教育必将开启现代化的新篇章，雄关儿女打造幸福城市的热切期盼必将变成美好的现实。

（白亮，西北师范大学西北少数民族教育发展研究中心副教授、教育学博士。）

案例十：构筑率先致富奔小康的坚强战斗堡垒

——全市农村基层党建工作综述

近年来，嘉峪关紧紧围绕加快推进城乡一体化、促进农村率先致富奔小康这一目标，扎实推进农村基层党组织建设，不断增强农村党组织的战斗力和凝聚力，进一步彰显党员干部的先锋模范作用，实现了农村党建工作全面进步、全面过硬。

“一核多元”强组织

组织强，则基层稳；基层稳，则促发展。为强化农村基层党建组织建设，嘉峪关优化组织设置，扩大组织覆盖，全面推行村级党组织、村民委员会、村务监督委员会，社区服务中心，村民议事会的“三委一会一中心”的组织架构。积极顺应当前新农村建设和产业发展的需要，在产业链、专业协会、专业合作社建立党组织，催发了“村企联建”“村单位联建”“村村联建”等多种党组织联建。探索成立横沟村、野麻湾村、长城村联合党支部，把党组织建在产业链上，把党员聚在产业链上，把农民富在产业链上。

汇聚力量促发展

一个强劲有力的领导班子，能够最大限度地凝聚发展合力。嘉峪关在农村班子建设上，坚持正确导向，改进选任方式，着力加强村党组织书记队伍建设，培养村“两委”班子后备人才。选派17名政治素质好、工作能力强的副处级后备干部到村任第一书记，成立由双联单位干部、大学生村官和挂职常务副书记组成的驻村帮扶工作队，实现帮扶“零距离”。实施“双联”单位基层党组织结对共建，通过基层组织共建、干部人才共育、党建资源共享、科学发展共赢、困难群众共帮，实现城乡基层党组织互促双赢。

“三评一理”建机制

加强基层民主建设，深入开展以党员评议村“两委”班子、党员评议党员、党员评议干部，进一步理清以整改措施和发展思路为主要内容的“三评一理”工作。认真落实“四议两公开”制度，严格按规范程序进行决策，加大党务政务公开力度，保证了各项事务公开、公平、公正。严格执行党内政治生活各项规定，全面落实“三会一课”、民主评议党员和党员领导干部双重组织生活等制度。

激励保障上台阶

农村基层干部工作累、待遇低、发展空间小，一直影响其干事创业积极性的发挥。嘉峪关采取一系列激励保障措施，大幅提高基层干部待遇和工作经费，将村级办公经费从每年8000元提高到4万元，将村党组织书记、村委会主任报酬从每月600元提高到1200元，将村副职报酬从每月580元提高到1000元，翻倍提高离任村干部补贴，加大从优秀基层干部中定向考录公务员、事业编制人员和提拔进入领导班子的力度，充分调动基层党组织和干部的工作积极性。先后投入200多万元，建成基层党员干部现代远程教育站点17个，加强了基层服务保障。

（摘自嘉峪关日报）

专家点评：

抓好基层党建　促进协调发展

“务农重本，国之大纲”。协调推进“四个全面”战略布局，每一个“全面”都与农村工作紧密相关。农村基层党组织是党在农村全部工作和战斗力的基础，是农村各种组织和各项事业的领导核心。在发展社会主义市场经济、建设社会主义新农村过程中，农村基层党组织担负着领导农村经济社会发展、社会主义民主政治建设、精神文明建设和协调各种矛盾纠纷等重要职能。

改革开放30多年来，我国社会发生了翻天覆地的变化，随着社会主义市场经济的不断发展与完善，农村工作出现了一些新情况、新问题，农村基层党建面临不少新课题：随着统筹城乡和新农村建设的加快推进，农村组织形式日益多样，新型农民合作组织、社会组织、文化组织和服务组织大量涌现；农村社会阶层更加多元，农村人口流动频繁，等等。上述问题对党组织如何加强对农村各种组织的引领协调，处理各种利益关系、利益诉求，做好流动人口、流动党员的管理服务，提出了更高要求。

在这样的背景下，中央多次召开农村工作会议，重点研究和解决“三农”问题。2015年5月召开的全国农村基层党建工作座谈会指出，做好“三农”工作关键在农村基层党组织。近年来各地农村基层党建的实践，都突出了带领群众发展生产、推动农村改革发展、构建和谐农村、巩固执政基础等中心任务。

根据我的观察，嘉峪关增加农村党组织建设的经费投入、强化农村党建阵地建设、实施农村党建项目工程、将党组织建在产业链上等等做法都很有特点，增强了农村党组织的创造力、凝聚力和战斗力，实现了农村党建工作全面进步、全面过硬，为各项农村工作的开展奠定了坚实基础，为农村改革发展稳定提供了可靠保障。具体而言，可以概括为以下四个方面：

一是突显党组织政治核心地位。基础不牢，地动山摇。农村基层党组织不是一般的社会组织，而是政治组织，是联系群众、服务群众的主阵地，是贯彻落实党的路线方针政策和各项工作任务的战斗堡垒。农村基层党建抓好了，党同人民群众的血肉联系就会更加密切，党在农村的全部工作才会有坚实基础，才能为改革发展集聚起源源不竭的强大动能。

无论农村社会结构如何变化，无论各类经济社会组织如何发育成长，嘉峪关市都始终把抓基层、打基础作为长远之计和固本之举，坚持农村基层党组织的领导地位不动摇、战斗堡垒作用不削弱。积极引导农村基层党组织强化政治引领功能，牢牢把握中国特色社会主义这个大方向，紧紧围绕建设社会主义新农村这个目标，推动党的路线方针政策在农村落地生根。从自身建设着手，真正使农村基层党组织强起来、班子强起来、队伍强起来、作用强起来，敢于负责、主动作为，以坚强有力的示范引领激发党员和群众的内生动力。扎实推进基层服务型党组织建设，强化服务理念，完善服务体系，积极为农民办好事、办实事，切实增强农村基层党组织的凝聚力、向心力。

二是注重党组织带头人队伍建设。“雁阵南飞靠头雁”“火车跑得快，全靠车头带”，这些形象的比喻都在表明着一个共识：基层党员干部的能力如何直接决定着服务型党组织建设的水平和成效。加强基层党组织“带头人”队伍建设，对于发挥基层党组织的作用具有重要现实意义。农村基层党建离不开“领头雁”，关键在抓住农村基层党组织的“关键少数”，更好发挥引领农村改革发展、带领居民增收致富“火车头”作用。

嘉峪关市以“选”为立足点，把符合条件的农村致富能人、热心人、返乡务工人员中的优秀人才、复转军人、回乡大中专毕业生选拔出来，培养起来，充实到党员和班子队伍中，把服务群众、服务发展、服务改革的基层党员干部队伍建设好。推选责任心强、威望高、有市场经济头脑、熟悉农村工作、善于做群众工作的党员干部担任支部书记，让群众心中的“当家人”带领群众发展农村、建设农村、富裕农村。以“派”为突破点，从副处级后备干部中选派“第一书记”，从优秀科级干部中选派双联行动帮扶队长，从各级机关、企事业单位优秀年轻干部中选派挂职常务副书记，以先进思想和技术为引领，迈开步子、甩开膀子、扎下根子，安定心神、端正态度，实打实的为农民办好事、办实事、解难事。加强农村党员队伍建设，特别是建设一支高素质的农村党组织带头人队伍，带动农村基层党建创新发展，用扎扎实实的成绩，赢得群众的拥护，嘉峪关的做法无疑具有很好的借鉴作用。

三是聚力落实党建目标责任。抓好农村基层党建，说到底是个责任问题。落实责任，关键要落实党支部书记的责任。实践中，必须从落实责任入手，明确主责、共同担责、强化问责，把抓基层党建作为考察干部、选用干部的重要内容。坚持在抓基层党建中了解和识别干部，重点看镇村党委、总支和支部书记对党建思想重视的程度、破解难题的力度、真抓实干的作风、工作落实的成效，以实的作风、实的举措推动农村基层党建工作各项任务落到实处。

嘉峪关市认真落实农村基层党建责任制，强化书记抓党建的主责意识，建立“一把手”抓农村基层党建责任清单，围绕中心、服务大局，推动农村基层党组织切实担起促进农村改革发展和改善民生的责任，以农村发展成效检验党建工作成果。坚持从完善制度入手，完善村级领导班子内部制度、直接联系服务群众制度、村务监督委员会制度，督促支部书记经常走村入户，熟悉农村情况，将党的各项惠农政策向居民讲清楚、说明白。完善镇村党组织书记抓党建工作述职评议考核制度，强化农村基层党建工作问责机制。推行“四议两公开”工作法和农村村务公开，增强工作的透明度，细化“小微权力”管理措施，强化监督和责任追究，切实保障党员的知情权、参与权和监督权。这些有益探索丰富了农村党建的生动实践。

四是紧扣党建实际问题。深入研究新形势下农村面临的新情况、新问题，适应农业规模化、标准化、组织化生产需要，结合产业发展创新农村基层党组织设置，是农村党建面临的重要课题。目前一些农村基层党组织党员队伍年龄老化、教育管理软化，“三会一课”、民主生活会等组织活动虚化的问题比较突出。抓好农村基层党建工作，既要创新载体，更要注重实效，防止搞花架子、走过场。必须坚持从解决问题入手，创新完善党组织设置，从严加强党员队伍建设，持续整顿软弱涣散党组织，重视落实基层党建保障措施，以破解难题促进提质增效。

在破解难题的过程中，嘉峪关市始终坚持问题导向，紧紧揪住问题不放，逐个破解；扎扎实实抓基层，实实在在打基础，农村党建取得了明显的成效。针对农村基层干部工作累、待遇低、发展空间小、年龄结构老化等问题，建立村干部激励保障机制，大幅提高基层干部待遇和工作经费，提高离任村干部补贴，加大从优秀基层干部中定向考录公务员、事业编制人员和提拔进入领导班子的力度。针对农村基层党建工作方法不新、力度不强、科学化水平不高的问题，充分发挥“联村联户为民富民”行动平台，完善结对帮扶制度，形成城市党组织帮扶农村党组织、党组织帮扶生活困难党员、党组织和党员帮扶困难群众的长效机制，更好地服务农村发展。针对农村党建存在的“软弱涣散”问题，定期开展督查考核，引导村党组织强化职能履行，促进党建各项目标任务落实。定期组织村党组织相互参观学习，鼓励先进、鞭策后进、整体提升。鼓励党组织利用农闲时间开展形式多样的主题活动，提升党建工作的活力。加强党建带团建、带妇建工作，将群团组织建设纳入党建整体工作，实行党团妇等组织目标一体化，增强村级组织建设的整体合力，使农村基层党组织成为确保党的路线方针政策在农村得到贯彻落实、推动农村各种组织和各项工作良好发展、团结带领群众建设美好生活的领导核心。这些鲜活做法，处处体现出嘉峪关市各级农村党组织群策群力、凝心聚力促进农村党建发展的责任担当。

抓好农村工作的关键在于农村基层党组织，形势的发展、事业的开拓、群众的期待，都要求必须做好农村基层党建这篇大文章。嘉峪关市紧紧结合本地实际，适应农村经济结构和社会结构的转型发展，遵循基层党组织建设的特点和规律，围绕发挥党组织战斗堡垒作用和党员先锋模范作用，强化问题导向、抓好责任落实、加大保障力度，全面提升农村基层党建工作水平，为推动全市改革发展、促进经济社会进步，提供了坚强保证和有力支撑。

（慕良泽，山西大学政治与公共管理学院副教授，政治学博士，硕士生导师。）

第四篇

重点问题研究篇

嘉峪关城市转型发展研究

资源型城市的转型是经济、社会、政治、法律、文化等多方面的系统变革，是一个复杂的系统工程，它以资源型城市的产业转型为出发点和主导，并由此引发经济、文化、社会治理等多方面、多层次的变化。当前，嘉峪关正处在新型工业化加速推进、城市转型升级加快、综合实力不断壮大的重要战略机遇期，推动经济转型对促进产业多元发展、实现城市可持续发展、增强城市整体竞争力，具有重大现实意义。

一、嘉峪关市经济转型

嘉峪关是随着国家"一五"计划重点项目——酒泉钢铁公司的建设而发展起来的现代化工业旅游城市，属典型的资源型城市。近年来，嘉峪关市经济发展主要指标在甘肃省保持了较为领先的地位，但由于特殊的自然地理条件和历史原因，嘉峪关市经济发展呈"一钢独大"的产业结构，钢铁冶金为主的重工业在经济中占有较大比重，旅游、商贸、特色农业等产业所占份额较小，新兴接续产业尚未形成规模，结构调整难度较大。在这样的情况下，推动经济转型，就是嘉峪关必须要进行的一项重大战略调整。

嘉峪关经济转型的总体思路，就是坚持以科学发展观统领经济发展全局，紧紧围绕城市可持续发展这个目标，坚持以改革开放为动力，以科技创新为支撑，以经济结构战略性调整为主线，以发展接续产业为重点，着力解决资源性、体制性、结构性、社会性矛盾，大力推进传统产业新型化、新兴产业规模化、产业布局集群化、支柱产业多元化，努力形成科技型、生态型和循环型的新型经济体系。

为加速推进嘉峪关经济转型，当前和今后一个时期应重点抓好以下几个关键：

1. 壮大传统主导产业。作为资源型工矿城市，要加快经济转型，就必须调整经济结构，转变经济发展方式。要全力支持酒钢（集团）公司对传统工艺和技术进行改造升级，促进产业优化升级，研发高附加值产品，提高市场竞争力。坚持引强入嘉，充分发挥资金、技术、人才、项目等优势，形成具有较强竞争力的产业集群。增加研发投入，着力培育新能源和新能源装备制造、葡萄酒酿造、不锈钢制品、新型建材、绿色食品、核设备制造和农产品深加工等产业集群，努力构筑与传统支柱产业相配套的现代产业体系，使战略性新兴产业尽快成为嘉峪关经济的先导产业和支柱产业。

2. 提升第三产业发展水平。充分挖掘多元文化集成的独特优势资源，积极推动文化旅游产业与休闲、体育、电信、交通、金融保险、信息咨询等产业融合，形成优势互补、产业互动、融合发展的局面，培育城市新的经济增长点，增强城市可持续发展能力。以城市商贸中心、西部综合交易市场等高端商贸市场为载体，发展现代商务、专业咨询、创意设计等行业。科学规划建设一批高档次、高品位的大型综合商贸中心和专业市场，优化提升消费环境。进一步完善招商引资优惠政策，强化基础设施建设，以一流的城市环境和优越的区位优势，吸引更多的人流、物流、资金流，为非公经济创造良好条件。鼓励和支持非公企业开展技术创新，加快新产品、新技术、新工艺研发，形成拥有自主产权的产品，提高非公企业的核心竞争力。

3. 推进区域经济一体化。进一步加强甘肃省、新疆维吾尔自治区政府间的沟通与交流，制定区域统一的工业产业政策，对整个区域内的工业产业结构和空间布局进行调整，形成合理分工、优势互补的区域产业发展新格局。进一步强化在区际能源、交通、通信、水利、生态环境保护等重大基础设施建设方面的合作与协调，彻底解决在交通、通信等方面互联互通的死角。尽快健全市场体系，促进商品流通，优化生产要素配置，构筑共同发展的市场环境。

二、嘉峪关文化转型

嘉峪关市是一座具有独特个性的城市，在漫长的文化积淀和历史发展进程中，长城文化、移民文化以及酒钢公司铁山精神、中核四〇四总公司“两弹一星”等文化精神交融渗透，形成了其内涵深刻、特色鲜明的文化体系。近年来，嘉峪关文化产业逐步壮大，公共文化服务体系建设不断加强，群众性文化活动广泛开展，文化发展的体制机制不断健全，文化领域亮点纷呈，丰富了全市人民群众的精神文化生活，体现了嘉峪关这座新兴城市锐意进取、积极向上、和谐稳定、富足宽容的精神面貌，提升了城市文化品位和知名度。

嘉峪关作为转型期的资源型城市，各种文化观念相应发生着激烈碰撞。这是机遇和挑战，也是一个全新的起点。嘉峪关市文化转型之路，必须把文化“软实力”提升到城市发展战略的高度，把文化转型作为提升城市凝聚力、增强城市综合竞争力的重要因素，努力推进文化强市建设。具体包含以下五方面：

1. 加快文化产业市场培育。加快市场培育，深化文化体制改革，完善服务体系，是文化产业发展的前提条件。加快文化产业发展，离不开产业市场培育，必须创新发展理念，以市场为导向，增强文化产业意识，充分发掘和利用各种文化资源，打通产业链条，开拓文化产业市场，提升文化产业竞争力。

2. 优化文化产业结构。加大资源整合力度，加快对传统优势文化产业的数字化、信息化改造，推进现代传媒、动漫游戏、数字视听、演艺娱乐、文化旅游、会展等新兴文化产业发展，以经济手段优化文化产业结构，提高文化资源利用效率，推进文化产业的现代化。

3. 引进培养文化产业专业人才。发展文化产业，关键是人才的竞争。嘉峪关市许多文化资源没有转化为市场资源，许多相对优势资源没有做大做强，与缺少优秀复合型人才有很大关系。未来的发展中必须有计划、有步骤地实施文化产业人才培养工程，努力培养、引进一支适应文化现代化建设需要、结构合理、业务水平高的复合型文化产业人才队伍，为文化产业发展积蓄人力资本。

4. 提升市民文明素质。市民的文明素质不仅是市民个体的道德观和道德修养，而且是市民在城市“公共领域”活动和交往时所体现的自身所具有的公共意识、公共素养。目前，创建文明城市，环境、治安等硬件的改善相对容易，人的行为文明、行为道德等软件建设难度要大得多。必须注重挖掘城市的文化源头，弘扬城市的文化传统，增强市民对城市的认知程度，使塑造提炼城市精神的过程成为市民群众自我教育的过程，成为精神文明建设的过程，使人们在城市精神的感召下，自觉地为城市建设与发展做出积极贡献。要树立精神动力是资源的观念，通过优秀文艺作品的陶冶与激发，理论研究的引导与支撑，为嘉峪关转型发展提供理论支持和精神动力。

5. 加强城市特色与城市文化的规划研究。当前，众多资源型城市政府非常重视城市特色和城市文化的建设与发展，部分城市还将城市特色和城市文化规划提升到专项规划的高度。嘉峪关市文化转型，也必须适应这种潮流。城市特色和城市文化的规划编制包含以下内容：城市文化事业和公益性文化建设，城市文化资源的保护与建设，城市文化产业的发展与建设，城市文化竞争力与文化人才队伍建设。

三、嘉峪关城市治理转型

作为典型资源型城市，由于因企设市的特殊背景，嘉峪关在发展中形成了特殊的城市治理方式，表现出与非资源型城市不同的治理特点。一是地企共治。嘉峪关“先企后市”的发展历程，形成了企业和城市两套职能管理体系，形成了“联动共建、合力共进、互促共享”的良好治理格局。二是地企合作顺畅。嘉峪关市的发展，很大程度上得益于良好的地企关系，嘉峪关市政府主动协调地企关系，从城市规划、项目建设、建设用地、社会事业、民生保障、生态环境等方面全力支持服务酒钢，有力促进了酒钢的改革与发展，形成了企业支持地方，地方扶持企业，互惠共赢的良好局面。三是社会管理创新成效显著。通过经常性专项治理活动，以创建“国家卫生城市”“国家环保模范城市”及举办重大节庆活动为契机，推动城市管理工作上台阶，使市容市貌、环境卫生、市政设施、建筑施工场地、交通及市场秩序等有了明显改变，社会治理效率和群众满意度大幅提高。

随着嘉峪关城市现代化水平的不断提高，对城市治理提出了更高要求。今后的社会治理上，应把握好几个重点：

1. 创新城市社区管理体制。根据完善市场经济体制的需要，重新界定街道办事处的性质和职能。坚持“以块为主、以条为辅、条块结合”的原则，精心培育各类社区组织，通过适当降低准入门槛，加速社区组织的发育和社区事业的发展。把本属于居委会等群众组织管辖的社会事务转移出来，发挥社区自我管理、自我服务、自我约束、自我教育等方面的积极性。以居民组织自治为载体，以市场化为导向，经过商品化、规模化、社会化发展，提高社区服务产业化水平。遵循社区文化发展规律，制定科学合理的社区文化发展战略，吸引广大社区居民参与社区文化建设和管理，提高社区居民的文化素质。严格执行国家环境保护的法律、法规和制度，加强宣传，加大投入，加强执法，营造优美的社区环境。理顺居民委员会、业主委员会之间的关系，依法构建业主自治型物业管理体系。本着积极引导、合理控制、加强管理、搞好服务的原则，加强社区人口的综合管理，改善运作机制，提高辖区治安管理能力，维护社区安宁的生活秩序。

2. 不断加强党的基层组织建设。合理调整社区组织设置，明确职能定位，落实经费、人员、场地，增强凝聚力，发挥基层党组织凝聚人心、推动发展、促进和谐的作用。加强社区阵地建设，按照财政支持、社区所在单位共建的原则，使社区办公活动场所达到省上规定的标准。逐步提高社区干部待遇标准，激发社区干部工作积极性。

3. 提高城市管理水平。充分利用已有的信息化条件和优势，不断提高人防、物防、技防水平，加强流动人口管理，切实做好学校、居民小区、公共场所和城乡结合部等重点区域的治安管控，不断完善公共安全防控体系。充分发挥工、青、妇等群众组织、行业组织的作用，努力破解“两新”组织社会管理难题，调动人民群众参与社会管理创新的主动性和积极性，构建市委领导、政府负责、社会协同、公众参与的社会管理新格局。

4. 维护公平正义。切实把做好新形势下的群众工作贯穿社会管理工作全过程，让群众感受到权益得到保障、心情更加舒畅。以解决人民群众意见较大的执法问题为突破口，细化执法标准，强化执法管理，规范执法行为。坚持公开促公正、透明保廉明的理念，大力推进司法公开，自觉接受各类监督，确保权力在阳光下运行。坚持立党为公、执法为民的理念，让人民群众切实感受到公平正义就在身边，安全保障就在眼前，以实际行动取信于民。

嘉峪关新型工业化发展研究

建市以来，嘉峪关市大力实施“工业强市”战略，加快工业结构调整，工业规模不断扩大，经济总量连年上台阶，成为拉动全市经济增长的主要推动力。地方工业紧紧围绕酒钢新产品上游搞配套、下游深加工，逐步形成了以冶金、建材、化工等支柱产业为支撑，以龙泰集团、大友公司等企业为骨干的特色工业群体。近年来，全市产业结构不断优化，第一产业逐步向设施化、集约化、特色化方向发展，第三产业逐步向社会化、规模化、现代化方向迈进。

一、嘉峪关工业化水平评估

新型工业化要求做到科技含量高、经济效益好、资源消耗低、环境污染少、人力资源优势得到充分发挥。对照这些要求进行分析，嘉峪关市新型工业化尚处于较低层次和水平，主要表现在以下几个方面：

（一）工业总量初具规模，但产业层次不高。在产业构成上，钢铁产业比重较大，私营工业企业主要从事钢铁产业下游加工业，其他行业和产业私营企业较少。近年来，虽然轻工业增速较快，但是轻工业所占比重小，工业经济还是依靠重工业带动，产业结构调整的任务还非常艰巨。

（二）自主创新能力不断增强，但经济增长方式未根本转变。近年来，嘉峪关市在企业技术进步和技术创新能力方面有了新突破，但在发展阶段上处于工业化初期，经济发展很大程度上仍为粗放型增长。第三产业发展较快，呈现出结构调整的良好趋势，但第二产业投资仍占较大比重，经济增长依靠第二产业投资拉动的特征非常明显。

（三）第三产业发展明显加快，但经济规模仍然较小。全市第三产业发展主要集中在公共服务、商贸流通和餐饮，均处于初级阶段，还没有形成完整的产业链条，第三产业企业数量及经济规模在全省处于靠后位置。在新兴产业发展方面，文化产业、家政服务、信用担保、电子商务等发展相对较慢，文化产业企业规模普遍偏小，亟需培育壮大。

（四）节能减排工作取得初步成果，但形势依然严峻。多年来，嘉峪关市重工业发展较快，产值、能耗占比都达到99%以上，消费的原煤、电力和焦炭等一次能源日益增多。受多种因素的影响，风电、地热、太阳能等清洁能源开发和应用程度较低，无法减轻传统能源负担。循环经济产业链初步形成，但能源利用率较低，节能减排任务还很艰巨。

二、嘉峪关新型工业化优势分析

新型工业化与产业结构调整、信息化水平、人力资源开发等息息相关。嘉峪关市地理区位、工业基础、园区发展以及科技人才等方面的突出优势，为推进新型工业化提供了强大的支撑系统。

（一）地理区位优势。嘉峪关市区位优势明显，交通条件优越，配置资源的地理位置优越。全市已探明21个矿种，产地40多处，具有推进新型工业化的良好资源基础。嘉峪关市属典型温带大陆性荒漠气候，光照充足，多年年平均日照时数3061.2小时，平均日照率69%，年均太阳年辐射总量145.6—153.8千卡/cm^2，适宜于大型并网光伏电站项目建设，是转型发展、推进新型工业化的有利条件。

（二）工业基础优势。嘉峪关市抢抓国家扩大内需、促进经济增长的政策机遇，全力实施项目带动战略。先后引进了新能源、装备制造、工业产品制造等一系列大项目、好项目，全市装备制造、新能源、冶金新材料等产业迅猛发展。发展中坚持“减量化、再利用、资源化”原则，加强资源综合利用，循环经济初具规模。坚持走新型工业化道路，不断推动工业化与信息化的融合，数字城市建设走在全省前列。

（三）工业园区优势。嘉峪关工业园区于2002年批准设立，2012年成立甘肃嘉峪关经济技术开发区，目前，工业园区管委会与经济技术开发区管委会合署办公。园区大力推进质量兴企、科技强区，技术研发和自主创新能力稳步提升，产业集聚能力、土地集约利用水平较以往有了大幅提高，初步形成了以冶金废渣、粉煤灰、炉渣、节能降耗、建筑垃圾等综合利用为主的工业循环体系，先后获得“全国农产品加工创业基地”“国家新型工业化产业示范基地”称号。

（四）科技人才优势。按照创新行为主体引导模式框架分析，嘉峪关属于具有较强创新能力的城市。酒钢（集团）公司技术中心是国家技术认定中心示范基地，有较强的企业自主创新能力和技术研发实力。“特种微合金高碳钢硬线”“氮化系列铁合金”“中低碳锰铁合金”等自主知识产权新产品处于国内领先地位。全市先后设立了“科技奖励创资金”“专利专项补助资金”等，积极撬动企业和社会投入，建立多元化科技投入机制，创新要素不断集聚，创新能力显著增强，为推进新型工业化进程提供了强大智力支撑。

三、嘉峪关新型工业化发展的基本要求

立足市情特征，嘉峪关提出了推进新型工业化的指导思想、发展目标、主攻方向。

（一）指导思想。围绕建设创新创业、绿色生态、和谐平安嘉峪关，深入实施工业强市战略，注重提升发展质量和层次，注重转变经济发展方式，注重增强自主创新能力，以扩大开放为突破口、工业园区为平台、支柱产业为重点、重大项目建设为抓手，发展集约经济、开放经济、协调经济和循环经济，构建具有嘉峪关特色和竞争优势的新型工业化格局。

（二）发展目标。产业结构进一步调整，发展方式明显转变，信息化与工业化加快融合，循环经济政策法规体系与循环经济产业体系基本建立，主要污染物排放达到区域总量控制指标，争取成为全国低碳经济试点城市。

（三）主攻方向。抓住机遇做大工业总量，加快工业结构调整改造振兴步伐。加快转变经济增长方式，实现经济发展与环境保护、经济效益与社会效益相统一。全力推进全民创业，优化投资创业环境，实现产业集群化、经济板块化发展。提高优势领域的原始创新和集成创新能力，发挥自主创新对新型工业化的支撑、引领作用。促进工农协调发展，实行工业反哺农业、城市支持农村，力争实现更高水平的城乡一体化。全面推进开放开发，充分利用两种资源和两个市场，在更高层次上参与国际国内产业分工与合作。

四、嘉峪关市新型工业化实现路径

做大做强工业园区，实施项目带动战略，以信息化带动工业化，着力发展循环经济，不断提高对外开放水平，是嘉峪关推进新型工业化的必然选择。

（一）做大做强工业园区。创新管理体制，确立园区工业聚集及前沿开放地位，不断提升经济总量，完善公共服务设施，实现园区经济平稳较快增长。建立精干、高效、务实的嘉峪关工业园区管委会，强化服务职能，落实服务体制，做到一个机构管理、一个窗口对外、一条龙服务。优化产业布局，强化产业升级。明确产业定位和区域功能划分，贯彻“走新型工业化道路”的总要求，提高入园项目的层次和水平，争创循环经济产业园、环保工业园和生态工业园。健全重大项目储备库，为工业园区跨越发展提供强大支撑，协调推进东兴铝业公司铝制品配套深加工项目、西部重工新能源产业园等重大项目建设，做大做强工业园区，争取升级为国家级经济技术开发区。重点支持工业园区特色产业链延伸配套形成产业集群的关键项目，加快建成一批主导产业突出、产业配套程度高、商务成本低的高成长型工业园区，着力推进产业链式延伸、企业集群式组合、资源循环式利用，提高产业集聚水平。

（二）实施项目带动战略。主攻促进主导产业形成、关联度大、辐射带动能力强的产业龙头项目，培育再造新兴产业，特别是带动劳动就业、提升资源附加值的项目和加工型项目，加快以存量项目的增资扩股吸引资金流入。充分发挥城市品牌优势，认真研究国家和省上的产业政策与发展布局，有针对性地开展对外招商活动，加快引进新能源、装备制造、电子信息等高新技术产业，为新型工业化注入新的增长点。研究落实大项目个性化服务措施，加强对重点企业运行状况的监测分析，促进大项目快落户、快建设、快投产，使大项目在加速新型工业化进程中发挥应有的积极作用。制定落实鼓励民营经济发展的政策措施，在投资准入、金融支持、产业升级等方面，营造更为宽松的发展环境，择优引导一批产品科技含量高、产业关联度大的民营企业走规模化、集约化之路。深化投融资体制改革。完善投资管理制度，实行更加便捷有效的项目备案制、核准制和审批制。规范企业投融资行为，建立健全社会信用体系，完善银企互动互信机制，促进银企合作。支持企业上市融资，加快发展地方性金融机构，推动金融服务和金融工具创新。

（三）以信息化带动工业化。深化体制改革，促进电信网、广播电视网、计算机网三网融合，充分发挥网络信息服务经济和管理的作用，开发各种层次、系统、种类的信息资源，推进信息资源的利用，提供多样化的信息产品和网络服务。支持重点骨干企业运用信息技术促进生产过程自动化、控制智能化，选择机电一体化、现场总线及智能控制等对行业影响大、应用面宽的核心技术与关键设备，组织技术开发与科技攻关，提高重大技术装备研制水平和成套设备集成能力。加快电子商务宽带网络平台建设，重点发展企业对企业的电子商务应用系统，加强信息技术特别是网络技术在科技、教育、医疗等领域的应用，建设嘉峪关电子政务统一应用平台，提高政府经济调节、市场监管、社会管理和公共服务水平。

（四）大力发展循环经济。加强与国家、省上冶金废弃资源综合利用、循环生态农业发展方面的政策对接，谋划实施符合国家政策导向的循环产业。编制完善高科技载能循环产业规划、高科技循环型农业规划、循环型社会等专项规划，为循环产业发展提供政策保障。提高资源循环利用水平，开发推广资源节约、替代和循环利用技术，加快工业企业节能降耗改造，支持冶金、建材、装备制造等重点行业和工业园区发展循环经济。修编完善循环经济产业园区规划，提升园区基础设施水平，为创建国家和省级循环经济产业园创造良好环境。加快研发循环新产品新工艺，促进冶金新材料、新能源、现代高科技载能等循环产业集群发展。发展无公害农产品、绿色食品、有机食品种植等生态安全农业。加快文化旅游及现代物流等产业融合发展，健全循环服务产业体系。建设物流公共信息平台，扶持物流企业加快发展，加快工业品和生产资料大型综合市场建设。充分整合现有资源，调整市场布局，有效提升城市的吸纳辐射力和影响力，促进工业品和生产资料大型综合市场向规范化、专业化、规模化方向发展。

（五）提高对外开放水平。实施“大开放、大招商、大建设、大服务、大发展”的招商策略，增强招商的主动性和有效性，加大项目引进力度和质量，确保项目招进来、留得住、住得下，不断发展壮大。增强招商引资的产业导向性和项目选择性，实行定向招商、产业链招商，着力引进投资规模大、技术含量高、带动能力强的重大项目，延伸产业链、发展深加工，确保经济发展后劲。大力发展工业贸易，积极推进企业发展自主品牌的销售网络，增强开拓市场能力和提高企业的核心竞争力。重点支持装备制造产品和高新技术产品出口，在特种钢材、工程机械等领域建立生产基地，形成主导产品。加强与周边省区的交流合作，深入推进嘉酒经济一体化，合理布局重大产业和项目，提高资源保障配置能力。积极承接产业转移，充分利用发展机遇，增强支柱产业的整体素质和发展后劲。

嘉峪关城乡一体化发展研究

城乡一体化是改变城乡二元结构，实现城乡经济社会科学发展、转型跨越的一项重大举措。嘉峪关市自2008年被甘肃省委、省政府确定为城乡一体化建设试点市以来，围绕城乡一体化建设走在全省前列的目标，从机构、人员、资金、项目上加强保障，从思路、举措、体制、机制上积极探索，城乡一体化建设取得显著成效，但在产业支撑、资金投入、农民增收、基础设施等方面存在不少困难问题，需要在未来通过综合性的举措加以解决。

一、重要意义

近年来，嘉峪关市立足基本市情，积极探索、深入研究，不断深化党员干部对城乡一体化建设重要性的认识，使推进城乡一体化建设成为全市上下的广泛共识，为城乡一体化发展奠定了坚实的思想基础。

（一）加快城乡一体化建设是全面建成小康社会的需要。全面建成小康社会，最根本的是坚持以经济建设为中心，保持经济社会全面协调可持续发展，不断提高人民生活水平。全面建成小康社会的重点在农村，难点也在农村，这就要求嘉峪关市必须统筹城乡经济社会发展，加快城乡一体化建设进程，大力发展农村经济，提高农民生活水平，推动城乡协调发展，共享改革发展成果，不断增强农村自我发展能力，为全面建成小康社会打下坚实基础。

（二）加快城乡一体化建设是破解城乡二元结构的需要。城乡发展不平衡、公共服务不均等、农村社会管理相对滞后、二元结构特征明显一直是嘉峪关市城乡一体化建设中存在的主要问题。因此，按照科学发展观要求，统筹城乡经济社会发展，积极推进城乡一体化，就成为破解城乡二元结构，推动城乡经济社会均衡、协调发展的必然选择。

（三）加快城乡一体化建设是调整产业结构的需要。嘉峪关市工业经济占主导地位，资源市场两头在外，经济发展外向度高，城乡发展内在联系不够紧密，区域内经济结构不尽合理。加快城乡一体化进程，有助于扩大消费需求，激活农村市场，拓展发展空间，对促进城乡经济社会融合发展，加快产业结构调整，优化区域经济结构具有十分重要的推动作用。

（四）加快城乡一体化建设是推进转型跨越发展的需要。“十三五”时期是嘉峪关市实现转型跨越发展的关键时期，统筹城乡发展、推进城乡一体化是实现转型跨越发展的关键环节。只有大力推进城乡一体化进程，才能不断增加农民收入，改善农村生产生活条件，缩小城乡发展差距，实现城乡协调发展，最终为全市经济社会转型跨越发展做出应有的贡献。

二、面对的挑战

尽管嘉峪关市在城乡一体化建设工作上取得了一定的成效，但按照省委、省政府的要求来看，按照广大群众的期待来衡量，仍然存在一些不足，综合起来看，以下几个问题较为突出。

（一）持续增收困难加大。目前，嘉峪关市农民收入已达到较高水平，加之农村富余劳动力转移就业渠道单一，促进农民增收的内生动力和活力不足，导致持续增收难度加大。同时，嘉峪关市农业科技普及率和贡献率不高，受农村劳动力教育水平的影响，制约了劳动力转移的流向和流速，导致了增收渠道的不稳定性和低效性。

（二）城乡公共服务不均等。嘉峪关市农村基础设施投入仍然不足，农村教育、文化、卫生等公益性设施和生产生活条件相对仍落后于城市，环境、村容村貌、居民素质与城市仍有一定差距。同时，村级组织活动场所功能单一、利用率低，服务设施分散，导致了村级公共服务水平较低。

（三）土地流转步伐缓慢。土地流转缺乏规范，服务平台尚未建立，缺少相应的法律和制度保障，影响了土地的有效利用。流转供求双方信息不够对称，市场抵御风险机制、效益保障机制尚不健全，土地流转工作推广面临不少困难。

（四）涉农企业带动力不强。现有农业龙头企业，无论是加工企业还是流通企业，与农户之间缺乏相互约束，没有与农户形成风险共担、利益共享的经济共同体。龙头企业虽然有了一定的发展，但仍然存在办法不灵、路子不多等问题，企业规模普遍较小，产业带动作用比较有限。

三、以“新三农”助推城乡一体化

作为全省城乡一体化三个试点城市之一，省上对嘉峪关市试点工作有硬性指标要求。为了在全省率先实现城乡一体化建设目标，从 2011 年开始，嘉峪关市在全面推进体制机制、城乡规划、产业发展、基础设施、公共服务、城乡党建“六个一体化”的基础上，提出推进“新三农”建设的思路，在更高水平、更高层次上推进城乡协调发展。“新三农”是相对于农业、农村、农民“三农”问题而言的，是指按照农村城市化、农业工业化、农民市民化的新思路，逐步解决“三农”问题的合理化路径。

（一）推进农村城市化，主要是按照城市的标准建设农村，全面实施新市区开发建设规划，进一步拓展城市发展空间，优化城乡功能布局，增强城乡重点区域综合承载力和辐射带动力。在新市区开发建设过程中，加快城区与农村的融合发展，对讨赖河两岸进行空间发展规划，将讨赖河北岸 23 平方公里规划为集商贸物流、行政办公、休闲娱乐、现代居住于一体的现代化城区；将讨赖河南岸 42 平方公里规划为集生态观光农业、都市农业、高新农产品深加工、精品种植与珍品养殖基地、新农村建设与新市镇建设基地于一体的城乡一体化协调发展区，为统筹城乡发展奠定基础。抓住国家实施长城文化遗产保护的有利时机，推进峪泉镇长城文化旅游、乡村娱乐、餐饮休闲等项目开发。借助紫轩酒业，推动新城镇城乡产业融合和旅游业发展。

（二）推进农业工业化，主要是进一步提高工业反哺农业、城市带动农村的能力，积极实施“城市带动、工业带动、旅游商贸带动、特色优势产业和龙头骨干企业带动”的发展战略，统筹城乡工业布局，加快推进工业向园区集中、农民向城镇集中、土地向规模经营户集中、城市居民旅游休闲向农村延伸的“三集中一延伸”进程。在发展壮大“金凤凰”等农业龙头企业的同时，深入挖掘培育更多带动力强的龙头企业和产业项目，充分发挥典型示范的带动作用。在加快城市经济发展的同时，不断扩大对农村和农业的生产性投资，进一步增强农村发展能力。积极发展特色优势农业，推进农业产业化进程，增强农业科技含量和竞争优势，大力发展餐饮、休闲、旅游、运输及农副产品加工等非农产业，拓宽农民增收渠道，提高二三产业收入比重。

（三）推进农民市民化，主要是不断加大对农村社会事业的财政支持力度，进一步完善乡镇卫生院、村级卫生所医疗设施和基础设施，实现标准化乡镇卫生院全覆盖；统一配置城乡教育资源，促进城乡教育均衡发展；加快推进乡镇、村文化体育活动场地、设施建设，积极开展群众性文化活动和送文化下乡活动，不断提升农民精神文化生活的质量和水平。积极探索，建立与农村经济发展水平相适应、与其它保障措施相配套的农民养老保险制度，提高社会救助体系建设水平。积极推进户籍制度改革，建立城乡统一、流动的户籍管理制度，实行以住房、生活基础为落户标准的户籍迁移办法，促进农民市民化。

四、重点举措

城乡一体化对嘉峪关当前发展来说，既是一项涉及全局发展的重要工作，也是一种创新性实践。当前和今后一个时期，要抓好三个重点：

（一）加快农业现代化进程。当前，嘉峪关在农业科技方面存在许多问题，其中主要有农业科研力量缺乏，科技创新力不强，主要研究领域缺乏学科带头人；农村科技事业除科技经费投入外，其它配套投入不足；农业技术人员从事非农业技术工作的情况依然存在，影响和制约农业科技推广的连续性；农业技术人员培训力度不够，高职称技术人员比例偏低；农业科技园区整体水平偏低，推广应用效果不明显。针对以上问题，嘉峪关市建议从以下方面推进农业现代化：推行“政府引导、企业运作、中介参与、农民受益”的发展模式，推进体制创新与机制创新。推行“运行公司制、投资业主制、科技承包制、联结农户合同制”的园区运行机制，加强技术开发能力培养和科技支撑体系建设，以农业科技园区为中心，构建区域性的农业科技创新基地与技术推广服务体系。加强农业社会化服务体系建设，提高对农业社会化服务体系重要性的认识，深化乡镇农业社会化服务体系改革，加大对农业科技人才的培训和引进工作，加强农业信息工程建设，培养职业化农民，改变农业生产方式。

（二）大力推进旅游产业带动。对全市乡村旅游发展进行专项规划，进一步明确全市乡村旅游发展的主题定位、发展目标、整体布局和开发类型等，指导全市乡村旅游的开发建设。示范先行，增加休闲、体验和娱乐功能，提升服务水平，力争把峪泉镇打造成集生态观光、休闲度假于一体的乡村旅游品牌。突出特色，发展乡村旅游，最忌千村一面，产品雷同，对三镇要加强分类指导，突出各村特色。通过推出“一票通”年卡、优惠折扣票、发放宣传品等措施，鼓励“雄关人游雄关”，进一步调动三区开发乡村旅游产品的积极性。政策扶持，充分利用支农优惠政策，在开发启动资金、市场宣传经费、小额贷款贴息等方面，为乡村旅游和旅游特色村创建提供有力支持。将新农村建设与乡村旅游开发结合起来，坚持“用景观的概念建设农村、用旅游的理念经营农业、用人才的观念培育农民”，进一步创造优美和谐的乡村旅游环境。

（三）全面推进新型城镇化。加强新型城镇化建设规划，构建科学合理的城镇体系；强化城镇化建设的资源整合。形成“政府统筹推进、部门协调配合、镇村积极运作、农民参与联动”的工作推进机制；夯实新型城镇化建设资金基础。坚持走市场化运作的道路，形成党政引导、多元投入的城镇化建设投融资体系，争取省市两级财政、金融部门加大资金投入，优化政府统筹协调职能。加快政府职能转变，解决在新型城镇化建设中土地无法协调、资金无法到位等问题；打造居民增收多元支撑。大力发展现代农业，增加农民家庭经营收入，以发展“一村一品”、订单农业为方向，依托农村专业合作经济组织，不断提高农业规模化、专业化和集约化水平；提升城镇化管理水平。认真学习和借鉴各地成功的经验和做法，制定镇容村貌标准和城镇居民文明公约，加强日常管理，同时要充分发挥社区的作用，将部分管理责任分解到社区，动员基层组织积极参与城镇管理。

嘉峪关循环经济发展战略研究

发展循环经济，是贯彻落实十八届五中全会提出的绿色发展理念的内在要求，是建设资源节约型、环境友好型社会的必由之路，也是转变经济发展方式、提升发展质量效益的客观选择。多年来，嘉峪关市经济增长方式粗放，技术和管理水平相对落后，基本走的是一条高投入、高消耗、高污染、低效益的工业化道路，经济发展、社会进步与环境保护之间的矛盾突出。未来一个时期内，发展循环经济势在必行，也是解决经济发展中环境污染问题与资源短缺矛盾的重要途径。

一、嘉峪关发展循环经济的重大意义

嘉峪关市作为一座典型的资源型城市，不同程度地面临着资源枯竭、接续产业弱小等经济、社会和环境各方面问题。大力发展循环经济，走出一条科技含量高、经济效益好、资源消耗低、环境污染少、人力资源优势得到充分发挥的新型工业化道路，不仅可以实现经济、社会快速发展，也是实现资源型城市可持续发展的最有利方式，是确保国家生态安全，实现西北生态脆弱地区可持续发展的必然选择。由于酒钢的存在，嘉峪关市发展循环经济具有先天优势，而这正是通过与省内其他同级城市比较而得出的发展经济的最有效方式。随着国家及省委、省政府对嘉峪关市发展循环经济支持力度的不断加深，嘉峪关市面临着前所未有的发展机遇。因此，发展循环经济是嘉峪关市未来发展的必然路径。通过循环经济的推广，带动整个嘉峪关城市经济水平的快速发展，不仅是推动酒嘉区域经济一体化的进程、实现其作为区域性中心城市的作用，更是国家以及甘肃省实施区域发展战略的需要。同时，工业作为全市主导产业和经济命脉，发展循环经济要以工业产业为基点，围绕有色和钢铁规划延伸产业链，做到“稳住钢、提升钢、延伸钢”，避免“有循环而无经济”。要实施多元化发展战略，以循环经济和新兴产业发展促进酒钢向多元综合型经济转变，使其产业结构不断升级，运用循环经济思想，最终全面构建工业、农业、服务业、新能源之间共生耦合与系统内外三重循环的生态循环经济模式，将嘉峪关建设成国家级循环经济典型示范城市，最终成为智慧型的生态工业旅游城市。

二、嘉峪关循环经济发展的产业选择

（一）发展生态工业。生态循环工业符合生态经济学原理，以清洁生产、废弃物多层次循环利用和节约资源等为主要特征，依靠现代科学技术，应用系统工程、经济规律和生态规律的方法管理和经营的一种现代工业发展模式。基于工业发展的基础和现状，综合分析各类产业在生态化、循环化等方面的水平，从实现路径来看，嘉峪关市应该注重采用企业选择和园区选择两种模式。

1. 企业选择模式。主要包括促进污染物“零”排放、建立物质闭路循环、重新利用废物资源、有效降低消耗性污染、产品与服务的非物质化五种具体模式。

一是促进污染物“零”排放模式。所谓污染物“零”排放是一种理想状态，是指企业内的物质尽可能地、近乎100%被循环利用，尽可能地减少污染物的排放，甚至达到最理想目标，即“零”排放。目前，嘉峪关市企业在污染物“零”排放方面，以外部能量的投入和资源回收利用居多，随着企业技术水平的高端化，推动企业向建立内部资源回收、能源和物质被完全利用转变应成为主流。

二是建立物质闭路循环模式。工业闭路循环的物质性能是呈螺旋型递减规律的，与自然生态系统的闭路循环不同的是，产品质量会因生态工业系统的闭路循环而降低，同时闭路循环的程度越高，企业的生产成本就越大，产品市场竞争力就越低。因此，嘉峪关市应通过发展高新技术，维持物质性能和成分，确保在多次循环利用过程中处于稳定状态。

三是重新利用废物资源模式。生态企业最基本的模式就是回收利用生产过程中产生的副产品和废弃物。不把生产过程产生的废弃物或副产品作为“废物”而废弃掉，而应作为其他生产过程的生产原料或资源加以循环利用，这种回收利用过程就是一种工业生态链的行为。在技术上，与闭路循环利用和污染物“零”排放模式相比，该模式相对容易，近年来嘉峪关市引进的铝产业项目，都一定程度上使用了这种循环经济模式。

四是有效降低消耗性污染模式。产品在使用消耗过程中造成的污染就是消耗性污染，多数产品在完成使用功能后，相应的污染也就结束，但有些产品使用寿命结束后会继续产生污染，消耗性污染比较严重也十分普遍，而生态工业解决消耗性污染的方法是预防。嘉峪关市可以采用以下手段来预防消耗性污染：变换产品原材料，对某些危害或风险极大的污染物质直接禁止使用，或直接用无害物质材料代替有害物质材料，从源头降低可能的潜在污染。

五是产品与服务的非物质化模式。通过使用循环部件和材料，延长产品寿命，实现轻型化及小型化，在获得相同的产品和服务功能时，达到物质和能量的投入最小化，或者说在相同甚至更少物质基础上获得最大的产品和服务功能，这就是生态工业中的所谓非物质化。嘉峪关市企业在产品研发上，应尽可能地按照生态设计和产品生命周期等要求，开发低消耗、低能耗、可循环使用、可维修和经久耐用的产品，提高产品寿命，减缓资源流动速度，实现物质减量化。

2. 园区选择模式。这种模式可以通过主导产业链型、多产业共生型和综合型生态工业园区三种具体模式来实现。

一是主导产业链型生态工业园区。该类模式的生态工业园区内，企业间已形成紧密的互相依赖、互相制约的投入产出关系，核心主导产业产生的副产品具有一定规模，形成一个主导产业带动多个辅助产业的局面。[①] 嘉峪关市工业园区企业在发展主导产业的同时，可采用国际国内先进设备和工艺，在各生产环节中与其它企业间相互利用副产品和废物，建立工业生态链，提高资源、能源利用效率，减轻污染。

二是多产业共生型生态工业园区。该类模式的生态工业园区内，多个产业的生态工业链建立了良好的工业共生关系，单个产业链稳定运行并不断延伸，产业间、企业间主次平衡、和谐共生。从每个产业链内到产业链间，形成了一个大的能量和物质闭路循环，能量的层级使用、副产品的再生利用、中水回用以及废弃物的集中处置等，达到了良好的生态循环状态。[②] 这种发展模式，可成为嘉峪关市工业园区今后发展的一个重要选择。

三是综合型生态工业园区。该类模式的生态工业园区是经过科学规划，逐步开发建设的。园区内围绕不同的产业发展和废弃物资源的再生利用，构建了众多

---

① 郭薇：《点、线、面整体推进的循环模式》，《中国环境报》，2010 年 1 月 6 日。

② 时学勤：《循环经济在苏州高新区的实践》，《污染防治技术》，2006 年第 19 卷，第 2 期。

的产业及产品链，并与辅助的废水处理系统等一起构成生态工业园。企业间进行着能源的层级使用和废弃物料的交换，工业废水、生活污水全部集中处理。[①] 嘉峪关市循环经济工业园区在发展上，将综合服务区、辅助工业区、核心工业区等按照功能区分别进行配套建设，形成在区内的小循环、区间的中循环和远程虚拟园区的大循环。

（二）发展生态农业。农业循环经济是循环再生、和谐共生的循环经济理念在农业领域的实践，是指在一定的农业生产系统内，循环利用农业资源，提高资源利用效率，维持农业生态平衡，尽可能地减轻对环境的污染，达到农业发展与生态环境保护相协调，实现农业的可持续发展。在当前和相当一段时期内，发展生态农业是嘉峪关市的一种必然选择，借鉴一些农业发达地区的经验，结合嘉峪关农业发展的基础，可以重点考虑实施“多位一体”、生态种植、设施生态农业三种具体模式：

1.“多位一体”生态模式。该模式能够实现农林牧等不同产业共同组成一个稳定的生态农业循环系统，综合利用自然资源、副产品及废弃物，并达到节能环保、提高效益的目的。典型的如菜（粮）—猪—沼气—肥、猪—沼—粮及农林、农牧、林牧复合生态模式等。当前，在嘉峪关市推进农业现代化的过程中，这种生态农业发展方式非常值得借鉴。

2. 生态种植模式。生态种植模式是指在改善和保护农业生态环境的前提下，运用现代科学技术，将种植生态系统同种植经济系统统一起来的农业发展模式。具体到嘉峪关市来讲，可以在生产无公害农产品、绿色食品、有机食品、轮作倒茬种植等方面加大力度。通过该模式组织生产，能够循环利用资源，提高农产品质量，实现提升经济效益和保护生态环境的目的，使农业生产处于良性循环中。

3. 设施生态农业模式。该模式是在设施工程基础上，利用动植物的互补共生良性循环，实现系统高效生产。嘉峪关市发展生态农业，可采用生物和物理防治病虫害、有机肥料替代或部分替代化学肥料等生态农业技术，减少农药化肥残留，促进生态系统可持续发展和农业持续高效发展。

（三）发展绿色服务业。绿色服务业就是在不损害满足程度的前提下，用绿色或生态服务来代替、完善传统服务方式，以降低能源的消耗和减少原材料的使

---

①《南海国家生态工业示范园区简介》，环保部网站，2005 年 5 月 27 日。

用，促进生态与服务业的良性发展，使非绿色影响尽可能少的服务业，或者是在第三产业中全面发展达到绿色标准的行业。结合嘉峪关绿色服务业的现状和未来发展方向，重点工作应集中在以下几个方面：

1. 绿色宾馆餐饮服务业。所谓绿色宾馆餐饮服务，实质上就是倡导公众绿色消费，为顾客提供的产品或服务实体符合人体安全、健康和环保要求，在经营服务过程中节约资源、能源、减少排放、预防污染。嘉峪关市服务企业要建立有效的环境管理体系、公共安全和食品安全预防及管理体系，确保环境良好、公共安全、饮食健康。

2. 绿色商业。以节约资源、保护环境和社会责任为原则，在商品流通过程中尽可能地满足消费者的绿色需求，实现企业的绿色和可持续发展目标，这就是所谓的绿色商业。嘉峪关市加快发展绿色商业，可尽量销售可分解、可拆卸，零部件可重复利用，包装物可回收的商品。同时，还要引导鼓励消费者进行循环消费、适度消费和绿色消费，推广节能产品，选择使用无毒无害及新型环保材料。

3. 绿色物流服务业。所谓绿色物流，是指以节约资源、保护环境为目的，改造物流系统，采用先进的物流技术组织开展仓储、运输、配送、流通加工、包装和装卸搬运等，以提高物流资源利用效率，有效控制物流活动对环境的负面影响。嘉峪关市发展绿色物流，可从以下几方面着手：制定绿色物流标准，加快完善综合交通运输网络，加强各种运输方式的衔接，大力发展多式联运，提高资源利用效率。

4. 绿色金融服务业。金融部门在开展服务时，应全面考虑环境因素，引导社会经济资源投向循环经济、节能环保等领域，通过金融手段促进经济社会可持续发展，这就是绿色金融服务。嘉峪关市发展绿色金融服务业，主要应从健全金融与环保部门的信息共享机制、构建新型的贷款评价指标体系、为绿色金融服务和低碳技术投资的基金等方面着手。

5. 绿色旅游。绿色旅游就是在旅游消费、生产建设、经营服务等各个环节，在满足游客各种需求的同时，参与者都必须保护自然、环境和文化资源，维持生态平衡和旅游资源的可持续发展。现阶段嘉峪关市发展绿色旅游，主要应将自然环境既作为生态来保护，又作为资源来节约，在为游客提供旅游产品的同时，合理利用资源，保护生态环境。

附：中共嘉峪关市委关于制定国民经济和社会发展第十三个五年规划的建议

（2015 年 12 月 16 日中国共产党嘉峪关市第十届委员会第八次全体会议通过）

“十三五”时期是全面建成小康社会的决胜阶段，是推动经济社会转型升级的关键阶段，是深化改革扩大开放的重要阶段。中共嘉峪关市十届八次全委会议深入学习党的十八届五中全会、省委十二届十四次全委会议精神，全面分析形势发展变化，深刻把握发展的阶段性特征，积极顺应人民群众期待，认真研究“十三五”时期全市发展的一系列重大问题，就制定“十三五”规划提出如下建议。

一、发展基础

（一）“十二五”时期经济社会发展取得重要成就

“十二五”时期是我市发展极不平凡的五年。面对错综复杂的外部环境和艰巨繁重的改革发展稳定任务，在省委的坚强领导下，我们团结和带领全市人民，全面贯彻落实党的十八大和十八届三中、四中、五中全会精神，深入贯彻习近平总书记系列重要讲话精神，全面推进“工业强市、旅游带动、城乡统筹、生态立市、文化繁荣、民生优先、区域协作”发展战略，经济发展稳中向好，基础设施不断完善，生态环境持续优化，社会事业全面进步，群众生活水平大幅提高，城乡面貌发生了巨大变化。

综合实力显著增强。我们积极适应经济发展新常态，抢抓难得发展机遇，有效应对风险挑战，经济社会实现持续健康发展。全市地区生产总值年均增速

13.57%；全社会固定资产投资累计完成557.9亿元，高于“十五”和“十一五”时期的总和，年均增速29.5%；公共财政预算收入14.8亿元，年均增速6.02%；社会消费品零售总额预计达到46亿元，年均增速14.4%；城镇居民人均可支配收入和农村居民人均可支配收入分别达到29300元、15300元，年均增速分别达到11.8%、14.2%。

经济结构不断优化。以提高经济发展质量和效益为中心，改造提升传统优势产业，全力支持酒钢实施煤电铝一体化产业结构调整和煤炭分质利用项目，着力打造千亿级煤电冶加装循环经济产业链。光伏产业和铝产业实现了从无到有的发展，建成酒嘉风电基地特色铝合金节能技改一期工程和一批铝制品深加工项目，嘉西光伏产业园建成和在建装机容量1407兆瓦。商贸物流、餐饮住宿、金融保险等服务业加快发展，第三产业占GDP比重超过三分之一。

文化旅游深度融合。抢抓华夏文明传承创新区建设战略机遇，大力发展文化旅游产业，实施了嘉峪关世界文化遗产保护工程、方特欢乐世界、观礼古镇等一批带动力强、辐射作用大的文化旅游项目，百亿元文化产业园初具规模。成功举办敦煌行·丝绸之路国际旅游节、嘉峪关国际短片电影展、国际铁人三项赛和航空滑翔节等品牌节会赛事，文化旅游融合度进一步提升，“十二五”期间文化产业增加值年均增长25%，全社会旅游人数、旅游收入分别是“十一五”末的3.7倍和5.2倍。

城市面貌明显改善。推进生态立市战略，累计投入21亿元推进生态建设，实施了讨赖河生态治理、“两湖一河”园林景观、南湖文化生态园等项目，新增和改造绿地933公顷，城区绿化覆盖率达到39%，人均公园绿地面积36.3平方米、水域面积27平方米，成功创建国家园林城市。加强旧城区改造，推进新市区开发，实施了嘉酒城际公路、嘉峪关高铁南站、西气东输水源井迁建等重点工程，交通、通信、管网、电力等基础设施体系逐步健全，城市功能进一步完善。

城乡统筹协调发展。坚持以工促农、以城带乡，通过产业带动、金融支持、科技提升、服务均等，加快农业工业化、农村城市化、农民市民化进程，城镇化率达到93.4%。实施了正大新农村合作示范项目、省级现代农业生态示范园、野麻湾高新农业示范园、规模养殖小区等现代农业项目，依托农业龙头企业拓宽增收渠道，农民人均纯收入连续11年位居全省首位，非农产业收入比重超过51%。推动公共服务向农村延伸，在全省率先实现城乡户籍一元化，农村养老、医疗、救助等保障体系不断完善。深入实施“双联”行动与“1236”扶贫攻坚行动，农村自我发展能力不断增强。

社会建设全面加强。全面落实各项惠民政策，全力办好民生实事，财政支出用于民生的比例占到70%以上。就业形势持续稳定，在全省率先完成“两基”攻坚，高考平均录取率达到90%，基层医疗服务体系实现全覆盖，城乡低保、社会养老、基本医疗保险补助等标准全省领先。撤销街道办事处，整合成立新型社区，建成社会治理服务、城乡一体化、矛盾大调解“三大中心”，成为全国9个社会治理创新样板市之一，连续4年获得全省综治（平安建设）工作优秀地区。

改革开放稳步推进。落实中央和省委改革部署，调整取消行政审批事项404项，整合成立市场监管局和综合执法局，推进营改增和工商登记注册便利化改革，完成农村土地承包经营权确权登记颁证，开展分级诊疗和医师多点执业，实行领导班子分析研判，深化纪检监察机构“三转”工作，经济、政治、文化、社会、生态和党的建设等领域改革取得重要进展。加快对外开放步伐，推进国际港务区建设，开通到北京、上海、广州、西安、乌鲁木齐等14个城市的12条航线。积极招商引资和承接产业转移，依托兰洽会、文博会、广交会等平台推介项目，引进了一批文化旅游、商贸物流、现代金融等方面的项目，到位资金总额459亿元。

五年来，市委认真贯彻中央和省委关于全面从严治党要求，扎实开展党的群众路线教育实践活动和“三严三实”专题教育，实施党风廉政建设“3783”主体责任体系，深入推进党风廉政建设和反腐败斗争，为各项事业发展提供了坚强有力的政治、组织和作风保证。同时，民主法治建设得到新加强，人民民主不断扩大，依法治市取得新进展，民族团结、宗教和顺的局面不断巩固，军政军民和地企关系深入发展，社会大局保持和谐稳定，中华民族伟大复兴的中国梦和社会主义核心价值观深入人心，形成了开放包容、文明和谐、团结奋进的良好局面。

“十二五”时期是全市经济结构调整最为明显的五年，是基础设施和生态环境改善最为显著的五年，是城乡面貌变化最大的五年，是人民生活水平提高最快的五年。这是在自然生态条件严酷、资源环境约束趋紧和经济下行压力加大的条件下取得的，进一步增强了全市广大干部群众在全省率先建成全面小康社会的信心和决心，为“十三五”时期的发展打下了坚实基础。

（二）“十三五”时期发展环境和阶段性特征

当前和今后一个时期，我市发展既面临着许多重大机遇，也面临着不少风险和挑战。从面临机遇看，世界新一轮科技革命和产业变革蓄势待发，我国经济发展方式加快转变，要素质量有所提高，为我市加速技术进步与扩大对外开放带来了新契机；“一带一路”战略深入推进，国家对西部地区的倾斜支持力度进一步加大，“中国制造2025”“互联网+”和扶贫攻坚、基础设施、公共服务、产业发展等政策红利将加速释放，沿线国家和地区的经贸往来、人文交流更加频繁，为我市争取项目、吸引投资、改善民生提供了新机遇；全省经济、文化、生态三大战略平台的政策效应逐步显现，“3341”项目工程、“1236”扶贫攻坚、“6873”交通突破行动等深入推进，全省发展的总体环境持续改善，为我市保持经济平稳健康发展提供了新空间；经过多年来的发展，全市的产业结构趋于合理，项目带动效应更加明显，以文化旅游为引领的第三产业蓬勃发展，城乡协调水平进一步提高，发展基础、发展潜力、发展后劲更加坚实和充足。从面临的挑战看，我国正处在增长速度换挡期、结构调整阵痛期、前期刺激政策消化期，经济下行压力、化解过剩产能等不利影响还将在一定时间内存在，需要我们综合施策、努力克服；我市经济总量相对较小，产业转型升级任务更加艰巨，产品市场竞争能力不强，投资对经济的拉动力有所减弱，节能减排压力较大，创新创业活力不足，高精尖人才相对匮乏，党员干部推动发展的能力有待进一步提高，发展面对的困难矛盾需要下大气力化解。

综合判断，“十三五”时期我市经济整体向好的基本面没有改变，经济发展的潜力足、空间大，仍处在大有可为的重要战略机遇期。我们必须立足国家和全省发展大局，准确把握战略机遇期内涵发生的深刻变化，更加有效地应对各种风险挑战，增强机遇意识、忧患意识和担当意识，顺势而为、乘势而上，牢牢把握发展的主动权，努力在转型升级上取得新突破、在发展动力上实现新转换、在破解难题上打开新局面、在补齐短板上取得新进展，不断开拓经济社会各项事业发展的新境界。

二、指导思想及发展目标

“十三五”时期，我们必须紧紧围绕中央和省委的决策部署，准确把握新常态下经济发展的总体趋势，进一步增强加快发展的责任感和使命感，坚定信心，鼓足干劲，苦干实干，全面完成各项目标任务。

（一）“十三五”时期发展的指导思想

高举中国特色社会主义伟大旗帜，全面贯彻党的十八大和十八届三中、四中、五中全会精神，以马克思列宁主义、毛泽东思想、邓小平理论、三个代表重要思想、科学发展观为指导，深入贯彻习近平总书记系列重要讲话精神，按照中央和省委对“十三五”发展的总体部署，紧扣“四个全面”战略布局，贯彻创新、协调、绿色、开放、共享的发展理念，坚持发展第一要务不动摇，坚持扩大总量与质量双重效益并重，坚持物质文明与精神文明并重，坚持深化改革与开放开发并重，坚持经济发展与改善民生并重，更加注重创新驱动发展，更加注重城乡统筹协调发展，更加注重生态文明建设，更加注重民主法治建设，统筹推进经济建设、政治建设、文化建设、社会建设、生态文明建设和党的建设，努力在全省率先建成全面小康社会，着力打造丝绸之路经济带上的明星城市。

按照上述指导思想，实现“十三五”时期经济社会发展目标，必须遵循以下原则：

——始终坚持创新发展。牢固树立创新引领转型、创新驱动发展的理念，完善人才培养引进和促进创新的体制机制，不断优化人才、技术、资金等资源要素配置，系统推进以科技创新为引领的全面创新。强化创新驱动对经济发展的支撑，提高产业核心竞争力和可持续发展能力，推动产业迈向中高端，打造经济升级版。

——始终坚持协调发展。统筹产业协调发展，优化升级传统产业，积极发展新兴产业，培育壮大现代服务业，构建多元支撑的发展格局。统筹城乡协调发展，推动要素平等交换和资源均衡配置，促进新型工业化、信息化、城镇化、农业现代化同步发展。统筹物质文明和精神文明协调发展，注重社会效益和经济效益相统一，增强发展的整体性、协调性、均衡性。

——始终坚持绿色发展。按照生产发展、生活富裕、生态良好的文明发展理念，持续实施生态立市战略，提升生态宜居城市品质。推进低碳经济、循环经济、生态经济发展，打造绿色产业体系，加快建设资源节约型、环境友好型社会，提升可持续发展能力。

——始终坚持开放发展。抢抓国家“一带一路”建设重大历史机遇，坚持引进来和走出去相结合，统筹利用两个市场、两种资源，实施“西进、北上、东接、南联”的全方位开放战略，向西扩大合作领域，向北参与资源开发，向东承接产业转移，向南拓展市场空间，不断提高开放开发水平。坚持以改革促开放、以开放促发展，全面深化各领域改革，发挥市场对资源配置的决定性作用，进一步激发发展活力。

——始终坚持共享发展。坚持发展为了人民、发展依靠人民、发展成果由人民共享，保持居民收入增长与经济社会发展同步。更加注重民生优先，统筹社会事业全面发展，高标准推进精准扶贫、精准脱贫，让人民群众更多享有改革发展成果。

（二）“十三五”时期发展的主要目标

按照中央和省委全面建成小康社会的新要求，综合考虑“十三五”发展环境、主要任务、增长潜力和不确定因素，今后五年要在已经确定的在全省率先建成全面小康社会目标任务的基础上，努力实现以下新的目标要求。

——综合实力持续增强。地区生产总值增速高于全国、全省平均水平，公共财政预算收入及城乡居民人均收入与地区生产总值保持协调增长，到2020年全市地区生产总值和城乡居民人均可支配收入比2010年翻一番以上。三次产业结构更加合理，主要经济指标平衡协调，消费对经济增长的贡献明显加大，科技创新引领经济发展能力显著增强，推动产业高端化、集群化发展，发展质量和效益明显提升。

——产业结构更加优化。工业经济转型步伐明显加快，重点企业市场竞争力持续增强，光伏发电、有色冶金、煤化工、装备制造、民用航空、民用核技术、信息技术等产业高端化发展。文化旅游产业实现深度融合，成为具有更强带动力的支柱产业，第三产业占全市生产总值的比重进一步提升。高效设施农业形成规模，生产效益大幅提升，农业集约化、现代化水平不断提高。

——人民生活水平和质量明显提高。城乡居民收入差距不断缩小，收入水平继续保持全省领先。就业更加充分，教育、医疗、科技、文化、体育、住房、养老等公共服务体系更加健全，建成城乡统筹、更加普惠的社会保障体系，人民群众的幸福感和获得感不断增强。

——市民素质和城市文明程度显著提升。中国梦和社会主义核心价值观更加深入人心，城乡居民思想道德素质、科学文化素质、法律素质明显提高。加强精神文明建设，创建全国文明城市。平安建设基础更加牢固，法治体系更加完善，社会治理水平显著提高，社会大局保持和谐稳定。

——生态建设取得重要进展。城乡绿化和生态治理投入进一步加大，生态环境质量持续改善，建成国家生态园林城市，打造美丽雄关。推动生产生活方式加快向低碳、绿色转变，大力发展循环经济，强化节能减排，资源综合利用水平进一步提高。

——改革开放实现重大突破。体制机制创新迈出新步伐，重点领域和关键环节改革取得实质性突破，服务型政府建设取得明显成效。开放型经济加快发展，招商引资质量显著提高。积极融入丝绸之路经济带建设，深化与中亚、西亚等地区的交流合作，全方位开放的深度和广度不断拓展。

三、“十三五”时期发展的主要任务

围绕上述指导思想和发展目标，今后五年我市的主要任务是：

（一）深入推进创新驱动战略，着力构建现代产业体系

坚持把创新摆在推动发展的核心位置，推进工业化和信息化融合发展，统筹传统优势产业、战略新兴产业、现代服务业和现代农业快速发展，实现更高质量、更有效益、更可持续的发展。

1. 加快构建创新体系。围绕“互联网 +”“中国制造 2025”等国家战略，以国家新型工业化产业示范基地和工业园区循环化改造为抓手，推动经济发展由投资驱动、要素驱动向创新驱动转变。完善以企业为主体、产学研相结合的科技创新体系，加快原始创新、集成创新和引进消化吸收再创新，发挥大型企业技术和人才优势，推进重点实验室和技术研发中心建设，促进企业、高校和科研机构在产业链上有机融合，打通科技成果产业化、市场化通道。推动政府职能从研发管理向创新服务转变，改进科技投入方式，引导社会资本参与技术创新平台建设，提升创新平台的研发服务能力。瞄准制约产业发展的瓶颈问题，实施一批重大科技项目，培育一批有市场竞争力的创新型领军企业，支持科技型中小企业健康发展，以创新培育形成新的经济增长点。

2. 构筑多元支撑的现代工业体系。深入实施工业强市战略，抓好传统产业改造升级和新兴产业培育壮大，推动工业结构从中低端向中高端转型发展。坚定不移地支持酒钢深化改革和加快产业结构调整，实施煤化工循环经济产业园、嘉酒风电基地特色铝合金节能技改二期等重点项目，做优做精钢铁产业，发展高端冶金及精深加工产业，促进产业之间和产业内部的补链延链、耦合发展。加快工业园区开发建设，提升承载辐射能力。把握国家政策导向，最大力度支持中核四〇四民用核产业园和新生活基地建设。实施优势产业链培育行动，支持重点企业加快发展新能源、新材料、高端装备制造等产业，开发高科技高附加值产品，推动战略性新兴产业发展取得新进展。

3. 发展壮大现代服务业。坚持生产性和生活性服务业同步推进，拓展现代服务业发展新领域。推动商贸流通聚集区发展，加快城市综合体、专业商贸中心、物流平台建设，实施嘉峪关保税物流中心、银都国际金融中心等重点项目。结合智慧城市建设，围绕信息数据和基础设施，发展大数据、云计算等相关产业，开展物联网应用服务，提升社会各领域信息化水平。拓展完善金融服务业，构建多元化的金融市场体系和服务平台。鼓励企业和个人投资兴办便民服务企业，发展现代会展、电子商务、中介服务、养老健康、家政服务等新兴业态。

4. 加快发展现代农业。按照服务城市、富裕农民的要求，转变农业发展方式，壮大优质果蔬、高效制种、规模养殖等特色农业，支持发展非耕地设施农业，提高农业质量效益。全面落实强农惠农政策，发展多种形式适度规模经营，提升农业专业化、标准化、集约化程度，促进农业企业、农户、家庭农场、农民合作社、农村专业技术协会等经营主体协同发展。开展电子商务进农村综合示范应用，支持企业参与涉农电商平台建设。依托正大、宏丰等农业龙头企业，发展农副产品加工和农村服务业；推进乡村旅馆标准化建设，培育形成特色休闲观光旅游村镇，促进农村富余劳动力就近转移，农村居民收入水平继续保持全省领先。

（二）推动文化旅游大繁荣大发展，争做华夏文明传承创新区排头兵

坚持文化事业与文化产业并举，大力发展文化事业，创新培育文化产业，引进实施一批重点项目，做大做强文化旅游产业，着力建设特色文化强市。

1. 加强精神文明建设。坚持用中国特色社会主义理论体系武装党员干部、教育人民群众，深入学习习近平总书记系列重要讲话精神，用中国梦和社会主义核心价值观凝聚共识、汇聚力量。传承优秀传统文化，弘扬开放、包容、创新的移民文化，为城市发展提供精神动力。加强社会公德、职业道德、家庭美德建设，建立健全社会信用体系，开展群众性文明创建活动，力争成功创建全国文明城市。倡导科学精神，普及科学知识。牢牢把握正确舆论导向，健全社会舆情引导机制，巩固舆论宣传文化阵地。推动传统媒体和新兴媒体融合发展，打造有影响力的媒体平台，传播向上向善的社会正能量。

2. 健全公共文化服务体系。深化文化体制改革，推进基本公共文化服务标准化、均等化，提高城乡公共文化基础设施建设、管理和服务水平，引导文化资源向基层倾斜。创新公共文化服务方式，加强既有场馆设施的综合利用，推进特色文化博物馆建设，实施一批公益性文化项目，激励扶持文艺精品创作。完善城乡文体设施建设，开展全民健身、雄关大舞台等群众性文体活动，培育品牌赛事，加快发展体育事业和体育产业。推进非物质文化遗产保护和传承创新，挖掘开发长城文化、丝路文化等地域特色文化，以世界文化遗产保护与展示为核心，加强文物本体保护和利用，推动重要人文古迹保护和历史再现工程建设。

3. 推动文化旅游融合发展。坚持文化旅游发展与城市总体发展相统一，完善文化旅游规划体系和基础设施，将城市作为整体景区规划建设，推进景城一体化发展。用足用活国家和省上利好政策，谋划实施一批重点文化旅游项目，培育引进一批重点文化旅游企业，实施好世界文化遗产公园、丝绸之路文化博览园等项目。扶持文化企业和文艺团体利用本土文化旅游资源，创作精品剧目，发展文化演艺市场。推进智慧旅游建设，发展乡村旅游、文化研学、休闲养生等业态，推动旅游全要素发展，促进文化、旅游、体育等相关产业融合发展。深化与丝路沿线地区的旅游合作，积极开发旅游产品和旅游线路，提升旅游服务水平，加大对外宣传推介力度，增强旅游吸引力，打造旅游目的地城市。

（三）坚持绿色发展理念，持续提升城市生态宜居品质

全面加强生态文明建设，坚持生态环境建设和生态治理并重，实施重大生态建设工程，推动形成绿色发展方式和生活方式，加快资源节约型和环境友好型社会建设，实现绿色发展、循环发展、低碳发展。

1. 加强生态环境建设。深入实施生态立市战略，持续做好“水”和“绿”两篇文章，推进“天蓝、水秀、城绿、人和”的全域生态工程，谋划实施一批生态治理、园林绿化项目，提高园林绿化的质量和档次，积极创建国家生态园林城市。加强生态环境治理，强化综合生态功能区保护，推进生态安全屏障建设、水环境综合治理等。全面落实《环保法》，严厉打击环境违法行为，加强大气、水和土壤污染防治，严格控制污染物排放，巩固提高环境质量。

2. 促进生产生活绿色低碳。全面推行绿色发展方式和生活方式，实行最严格的环境保护制度，形成政府、企业、公众共治的环境保护体系。推进工业固废资源化利用和无害化处置，持续降低能耗强度，有效控制温室气体排放，确保完成节能减排任务。推进交通运输低碳发展，推广绿色建筑和建材，开展生活垃圾的分类回收，加强再生资源的回收利用。开展节能减排全民行动，培养公众环保意识。

3. 提高资源循环利用效率。按照减量化、再利用、资源化的原则，以园区、产业链为载体，实施循环发展引领计划，加快循环化技术改造，建立循环型工业、

农业、服务业体系。加强水源保护和涵养，应用和推广高效节水技术，加快建设节水型社会。强化约束性指标管理，实行能源和水资源消耗、建设用地等总量和强度双控行动。坚持最严格的耕地保护和土地利用制度，划定全市永久基本农田，盘活存量土地资源，推进低效用地开发整理。

（四）统筹城乡一体化发展，加快新型城镇化建设

加快城乡一体化建设，坚持以城带乡、以工促农，完善城乡规划布局，拓展优化发展空间，夯实农业农村发展基础，形成城乡互动、共促共进的良好格局。

1. 统筹城乡基础设施和公共服务建设。强化规划引领作用，科学做好嘉峪关国土空间规划，推进多规合一，优化城市空间功能布局。统筹推进新市区开发和旧城区改造，提高城市精细化管理水平，持续提升城市品质。实施城市地下综合管廊建设，推进供排水、供热、燃气等基础设施向农村延伸。统筹城乡公共资源配置，提升教育、卫生、文化等公共服务水平。推进农村人居环境治理，改善农村居民住房条件，加大垃圾收集清运、污水处理和改厕力度，加快建设“美丽乡村”。

2. 加快新型城镇化进程。坚持以人为核心，以提高城镇化质量为关键，以增收致富为目的，促进新型城镇化和产业发展、就业创业的有机结合。深化户籍制度改革，落实居住证制度，维护农民工合法权益，逐步实现基本公共服务常住人口和外来人口全覆盖，加快峪泉镇国家建制镇示范试点建设。深化农村土地制度改革，落实集体所有权，稳定农户承包权，放活土地经营权，形成宅基地集体有

偿使用和宅基地、农民土地承包经营权自愿有偿退出的机制。健全农村土地流转机制，推进农村土地有序流转。深化“双联”行动与“1236”扶贫攻坚行动。加强农村金融服务，鼓励保险机构提供更多“三农”保险产品。

（五）坚持共建共享发展，着力增进人民福祉

按照人人参与、共建共享的要求，坚持普惠性、均等化、可持续方向，加强社会事业建设，合理配置公共服务资源，鼓励社会资本参与民生建设，提升共建能力和共享水平。

1. 实现教育优质公平。深化教育领域综合改革，加快教育现代化建设，全面提高教育质量，培育教育品牌。继续实施学前教育三年行动计划，扩大公办幼儿园数量，扶持普惠性民办幼儿园。加快实施义务教育“改薄”工程，利用信息化手段优化城乡、校际义务教育资源配置，实现高水平均衡发展。深化高中课程改革，推动特色、内涵发展，率先普及高中阶段教育。大力发展现代职业教育，促进中等职业教育与高等教育协调发展。稳步发展继续教育，全面提高劳动者技能和素质。引导树立终身学习理念，建设学习型社会。全面提升特殊教育水平。落实家庭困难学生资助政策，构建全学段、全覆盖的资助体系。持续提高教师队伍师德修养和专业技能，深入推进教师、校长轮岗交流，提高教师待遇。

2. 完善公共医疗服务。深化医药卫生体制改革，实行医疗、医保、医药联动，落实覆盖城乡的基本医疗卫生制度和现代医院管理制度。推进公立医院综合改革，坚持公益属性，破除逐利机制，建立符合医疗行业特点的人事薪酬制度。加强医疗信息化建设，强化健康医疗大数据建设应用。优化医疗卫生资源配置，完善分级诊疗模式和医师多点执业机制。提高疾病预防控制、妇幼保健、精神卫生、突发应急救援等公共卫生服务能力。坚持中西医并重，扶持中医药事业发展。全面落实一对夫妇可生育两个孩子政策，推进卫生和人口工作融合发展。倡导健康生活方式，发展康复医疗服务。

3. 加大就业创业力度。实施更加积极的就业政策，完善劳动者自主择业、市场调节就业和政府促进就业相结合的机制，促进充分就业。完善创业扶持政策，建立创业服务平台，推进大众创业、万众创新。加强职业技能培训，推进就业援助体系建设，开发公益性岗位，保障零就业家庭等就业困难人员就业。做好高校毕业生和复转军人的就业安置工作。加强对灵活就业、新就业形态的支持，大力支持服务业、劳动密集型产业、中小微企业发展。规范用工行为，维护职工和企业合法权益，构建和谐劳动关系。

4. 提高城乡居民收入。保持城乡居民收入增长与经济增长同步、劳动报酬提高和劳动生产率提高同步，健全工资正常增长机制，稳步提高最低工资标准，推行企业工资集体协商制度，落实机关事业单位工资制度改革。拓展农村居民增收渠道，增加农村居民收入。规范收入分配秩序，增加居民经营性和财产性收入，不断优化收入结构。

5. 健全社会保障体系。建立更加公平、更可持续的社会保障制度，实施全民参保，稳步推进机关事业单位养老保险改革，实现生育保险和基本医疗保险合并实施，完善职工养老保险个人账户制度，不断健全统筹城乡的社会保险体系。落实渐进式延迟退休年龄政策。进一步健全社会救助体系，完善城乡低保制度，加强城乡特困群体关爱救助帮扶，做好扶残助残工作。积极应对人口老龄化，发展健康养老产业，建设以居家为基础、社区为依托、机构为补充的多层次养老服务体系，加快以棚户区改造为重点的保障房制度建设。支持慈善事业发展，广泛动员社会力量开展社会救济、社会互助和志愿服务活动。

（六）推进全面深化改革，增强发展动力和活力

紧紧围绕中央和省委全面深化改革部署，加快推进体制机制创新，着力破解改革发展稳定的瓶颈制约，发挥市场在资源配置中的决定性作用和政府引导作用，增强发展的内生动力。

1. 深化行政管理体制改革。按照精简统一效能原则，优化政府机构和职能设置，着力解决部门职能交叉和职能分散问题。稳步实行事业单位分类改革，推动事业单位与主管部门理顺关系和去行政化，推进有条件的事业单位转为企业或社会组织，建立各类事业单位统一登记管理制度。推进简政放权，深化行政审批制度改革，做好审批事项的接管工作。健全综合执法工作机制，完善政务服务和公共资源交易平台。推进政务公开，强化行政问责，提高政府执行力和公信力。

2. 健全现代市场体系。深化市场配置要素改革，建立公平竞争保障机制，促进资金、科研成果等有序流动，加快形成统一开放、竞争有序的市场体系。落实市场准入负面清单制度，减少政府对企业经营决策的干预，优化企业发展环境，激发市场主体活力。完善现代企业制度，全力支持重点国有企业改革。依法保护各种所有制经济权益，大力发展非公有制经济，拓宽非公经济融资渠道，引导社会资本依法进入更多领域。

3. 推进财税体制改革。建立健全全面规范、公开透明的预算制度，完善政府预算体系，实施跨年度预算平衡机制和中期财政规划管理。优化财政支出结构，严格控制一般性支出。加强政府债务管理，建立以政府债券为主体的政府融资机制，有效防范债务风险。深化税收制度改革。健全优先使用创新、节能、绿色产品的政府采购政策。

4. 构建现代投融资体系。健全金融服务体系，积极引进培育金融机构，发展普惠金融，创新金融产品，提高服务“三农”、服务基层、服务中小微企业的能力。加快地方金融机构改革，稳步发展投资基金、产业基金和合作发展基金，提升直接融资能力。创新政府投资方式，推进公共服务设施投资项目政府与社会资本合作PPP模式。探索财政资金与社会资本共同发起设立或入股参与创业投资基金，放大财政资金投入撬动效应。

（七）立足丝绸之路经济带建设，构建全方位开放开发格局

抓住丝绸之路经济带建设的重大机遇，完善对外开放开发布局，丰富对外开放内涵，提高对外开放水平，为转型升级注入新动力、增添新活力、拓展新空间。

1. 进一步扩大开放开发。主动融入国家和全省经济带战略布局，通过政策沟通、设施联通、贸易畅通、资金融通、民心相通，深化与经济带沿线国家和地区的合作，加强资源能源利用，拓展市场空间。拓宽同新疆哈密、内蒙古阿拉善及周边地区的联动渠道，争取将嘉酒区域纳入全国沿边经济带，加快推进区域经济一体化发展。

新华中路商贸中心

2. 形成更高层次的开放格局。拓展对外开放的广度和深度，打造工业制品基地和物流集散基地，鼓励企业和产品走出去，在更大范围内拓展市场、寻求发展，不断提升开放型经济水平。积极承接产业梯度转移，推动招商引资向招商选资转变，吸引更多企业和项目落户。完善通向资源产出地、旅游热点城市、市场集散区域的公路、铁路、航空交通运输网络，实施嘉峪关机场改造工程，推进嘉峪关航空口岸和空港物流园区建设，增强城市通达能力，不断提升战略交通枢纽地位。

四、保障措施

顺利实现“十三五”规划目标任务，党的领导是根本政治保证。各级党组织要深化对发展规律的认识，提高领导发展的能力和水平，充分发挥党总揽全局、协调各方的作用，最广泛地动员全社会力量，凝聚改革发展的强大合力。

（一）加强和改善党的领导。加强党的各级组织建设，不断提高党组织科学判断形势、驾驭市场经济、应对复杂局面的能力，确保中央、省委和市委各项决策部署的贯彻落实。加强和改进党对经济工作的领导，健全政策措施研究、决策咨询、信息发布、突发事件快速反应等机制。坚持正确用人导向，完善干部选拔任用机制，构建领导干部能上能下的考核评价体系。坚持全面从严治党，践行“三严三实”要求，严明党的纪律规矩，全面落实党风廉政建设“3783”主体责任体系，强化权力运行制约和监督，努力实现干部清正、政府清廉、政治清明，为经济社会发展营造良好政治生态。

（二）加强和创新社会治理。完善党委领导、政府主导、社会协同、公众参与、法治保障的社会治理体制，创新社会治理模式，推进社会治理精细化。全面完成标准化社区建设，加快社区工作者队伍建设，提升服务群众、促进社会和谐的能力。健全利益表达、协调、保护机制，引导群众依法行使权利、表达诉求、解决纠纷。完善社会和谐稳定制度机制，注重源头治理与末端治理相结合，推动重大社会矛盾和涉稳问题排查化解常态化。加强平安嘉峪关建设，完善治安防控体系，依法打击各类违法犯罪活动和暴力恐怖活动，维护社会大局稳定。

（三）加快推进人才强市进程。发挥人才的重要支撑作用，完善人才培养、引进和激励机制，为各类人才发展创造良好环境，形成人尽其才、才尽其用的良好局面。坚持“高端、紧缺、实用”导向，以企业为主体、产业为牵引、专业为需求，引进高层次创新人才、科技领军人才、高技能专业技术人才和高级管理人才。

深入推进“领军人才”和“能人引领”工程，鼓励企事业单位、科研院所、社会组织有序参与人才资源开发。发挥农村实用人才作用，评选建立一支“乡土人才”队伍，推动农村增收致富。优化人力资源配置，完善人才评价激励机制和服务保障体系，用活用好人才，营造育得好、引得进、用得上、留得住的人才发展环境。

（四）推进民主法治建设。坚持人民主体地位，充分发扬民主，依法保障群众合法权益，激发全市人民的主人翁意识。弘扬法治精神，全面推进依法治市，稳步实施地方立法，落实司法改革任务，推进覆盖城乡的公共法律服务体系建设。坚持依法行政，推进法治政府建设。健全依法民主决策机制，确保民主决策制度科学、程序正当、过程公开、责任明确。积极引导各民主党派、工商联和无党派人士参政议政，充分发挥群团组织的桥梁纽带作用。加强国防教育和后备力量建设，推动军民融合发展，密切军政军民团结。深入开展民族团结进步宣传教育，巩固民族和睦、宗教和顺的局面。

（五）牢固树立安全发展观念。落实安全生产责任和管理制度，实行党政同责、一岗双责、失职追责，提高安全生产保障水平。严肃目标考核和责任追究，强化工业生产、道路交通、油气管道等重点领域安全生产监管，排查治理安全隐患，有效防范安全事故发生。落实最严格的覆盖全过程的食品药品监管制度，保障食品药品安全。建立应急联动机制，增强突发公共事件应急能力，最大限度保障人民群众生命财产安全。

（六）确保“十三五”规划建议的目标任务落到实处。制定“十三五”规划纲要和专项规划，要坚决贯彻中央、省委和市委决策部署，落实好本建议的指导思想、发展理念、主要目标、重点任务。各专项规划要增加明确反映创新、协调、绿色、开放、共享发展理念的指标，增加政府履行职责的约束性指标，做到思路对接、规划链接、政策衔接。加强规划实施效果的评估、督查和考核，把市委确定的各项决策部署落到实处。

实现“十三五”时期发展目标，任务艰巨，使命光荣。全市各级党组织、广大党员干部群众要更加紧密地团结在以习近平同志为总书记的党中央周围，凝心聚力，艰苦奋斗，开拓进取，为在全省率先建成全面小康社会而努力奋斗！

▶ 腾飞

▲ 追逐

▼ 腾飞

后 记

历经半年多时间的不懈付出，《嘉峪关转型发展研究》一书终于完稿，市委政策研究室所有参与资料收集、文稿撰写的同志，由衷地感到高兴。在此，首先感谢中国社科院城市发展与环境研究所副所长、研究员、博士生导师魏后凯老师，他在嘉峪关挂职任市委常委、副书记期间，就本书研究框架、研究思路多次与编写组探讨，并给予了精心指导。还要感谢市委常委、市委秘书长王毅同志，他对本书编写的主要意图、方向定位给予了富有建设性的意见建议。感谢市委副秘书长、市委办公室主任汪军同志，他全程参与和指导了本书的研究工作。感谢经济日报出版社的门睿老师，他本人和他的团队，就本书编辑和版式设计，多次与编写组沟通，做了大量耐心细致的工作。正是得益于上述各方面的真知灼见和支持帮助，才最终促成了本书定稿出版。

《嘉峪关转型发展研究》是集体智慧的结晶。第一篇城市品质研究篇，主要从经济、文化、生态等方面，探讨了嘉峪关提升城市品质的基本路径。第二篇领导言论篇，选编了市四大班子主要领导的理论文章，集中体现了他们谋划推动嘉峪关发展的战略眼光和领导水平。第三篇案例点评篇，汇集了学术界专家学者对嘉峪关发展精彩镜像的点评文章，为广大读者研究嘉峪关发展提供了新视角。第四篇转型发展研究篇，收录了近年来市委政策研究室对嘉峪关发展几个关键问题的研究成果。书的最后以嘉峪关“十三五”发展规划建议作为附，目的是为了解嘉峪关今后发展的读者提供参考。市委政策研究室胡亚良、杨殿锋、邓廷涛、何东京、许荣、张海吾、韩耀伟、李国荣、邹哲、李燕生、顾艳梅、段凌凯分别承担了第一、三、四篇的撰稿和案例选编工作。

本书编写过程中，编写组成员认真调研、悉心求证，力求发挥最大潜力，把嘉峪关发展的全貌呈现给读者。对所引用专家学者的观点，都一一做了注释。但限于能力，我们对嘉峪关城市品质的研究，相比学界同仁还有一定差距，全书的语言格调、观点论述也还存在疏漏和不当之处，恳请读者不吝指正。我们将虚心接受各方面的意见建议，继续关注嘉峪关城市转型发展的相关问题，并不断完善研究成果。

本书编写组

2016 年 4 月